藏在课本里的科学秘密

董淑亮
董瑶 著

江苏凤凰文艺出版社
JIANGSU PHOENIX LITERATURE AND ART PUBLISHING

图书在版编目（CIP）数据

藏在课本里的科学秘密：全 3 册 / 董淑亮，董瑶著
. -- 南京：江苏凤凰文艺出版社，2024.1
ISBN 978-7-5594-7827-6

Ⅰ. ①藏… Ⅱ. ①董… ②董… Ⅲ. ①科学知识－儿童读物 Ⅳ. ① Z228.1

中国国家版本馆 CIP 数据核字 (2023) 第 110426 号

藏在课本里的科学秘密（全 3 册）

董淑亮　董瑶　著

出 版 人　张在健
责任编辑　朱雨芯
策划编辑　朱安琪
责任印制　刘　巍
出版发行　江苏凤凰文艺出版社
南京市中央路 165 号，邮编：210009
网　　址　http://www.jswenyi.com
印　　刷　江苏凤凰新华印务集团有限公司
开　　本　880 毫米 ×1230 毫米　1/32
印　　张　11.25
字　　数　145 千字
版　　次　2024 年 1 月第 1 版
印　　次　2024 年 1 月第 1 次印刷
书　　号　ISBN 978-7-5594-7827-6
定　　价　99.80 元（全 3 册）

主要角色

熊猫博士

小学老师，知识渊博，敢于创新。

兔子奇奇

胆大、好奇，喜欢实践，
理想是成为一名科学家。

兔子萌萌

敏感，自尊心强，爱好书法、绘画。

兔爸

爱劳动，动手能力强，有点固执，
勇于担当，偶尔会偷点小懒。

兔妈

乐观、聪慧，富有激情和创新精神。

山羊灵灵

聪明可爱，有些胆小，有点虚荣心。

刺猬球球

爱捣蛋，贫嘴，自傲，爱给同学起外号。

百灵鸟校长

开明的女校长，干练，爱憎分明。

海豚杰克

来自深海，见多识广，富有同情心。

小牛哥

忠厚，心地善良，不善言谈，乐于助人。

公鸡一鸣

简单、粗暴、骄傲，又仗义正直。

山鹰警长

机智、果断、干练，维护正义。

前言

用思维来提升阅读力

语文课本是一座知识宝库。

在这座宝库里，不仅有字、词、句、篇等构建语文能力的四梁八柱，也有科学方法、科学思想和科学精神等促进人的全面发展、健康成长的必备基石。我们如何用思维来提升阅读力呢？要有一把金钥匙：掌握科学的阅读方法和正确的思维方向。

学会顺向思维。每一篇文章都有自己的思维体系，有的像一条小溪，顺流而下。以低年级的《乌鸦喝水》为例，这是一篇著名的寓言故事，结构完整、寓意深刻。可是，我们在阅读的时候，如果顺着作者的思维方向，继续向前延伸，设想一下：假如乌鸦的那瓶水没有喝完，刺猬也来这里喝水，用的还是乌鸦的那只瓶子，结果会怎样呢？将会演绎出什么样的故事？

善于逆向思维。学习课文的时候，我们不妨逆着作者的思路来阅读，设想问题的出现，从“果”倒推出“因”，有的像一棵树，从挂在枝头的果追溯到埋藏在泥土里的根。比如中年级课文《麻雀》，原本是一篇纪实性散文，写老麻雀用自己的身躯掩护着小麻雀，拯救自己幼儿的故事，赞美了母爱。除了挖掘课文的精神内涵以外，还可以对这篇文章的主角进行逆向思考：麻雀是一种什么鸟？有哪些特点？

激活发散思维。每一篇课文都是立体的。当我们仔细阅读这些佳作的时候，不妨在思维角度上下功夫，从点到面，就像一潭水，投一颗小石子，让浪花四射起来。《鸟的天堂》是一篇高年级课文，介绍大榕树上生活着各种各样的鸟儿："大的，小的，花的，黑的……"一棵大榕树就是一个大鸟巢，是名符其实的"鸟的天堂"。那么，是不是每一种鸟都喜欢这样的鸟巢？金丝燕为什么喜欢居住在大海边的悬崖上？啄木鸟为什么偏偏在树洞里安家？苇莺为什么在近水处的深草丛中筑巢？

这一连串的"为什么"，都是不同思维结出的果。在这套书里，你都可以找到答案。希望小读者们潜心阅读，做好思维训练，激发阅读的想象力与创造力，提升我们跨学科融合的阅读力。

愿书中的好故事，带给我们好收益。

董淑亮　董瑶

2023 年 6 月

目录

小兔子捞船

——《小小的船》

《小小的船》是一首十分优美的儿童诗，作者把弯弯的月儿想象成小小的船，十分形象贴切。那么，这只小船要是掉进了小河里该怎么办呢？谁也想不到，这件事竟然真的发生了……

太阳渐渐落山了，微风吹来阵阵凉意。河畔的草丛里，蟋蟀在家门前的阳台上，长一声、短一句地唱歌。

蟋蟀

蟋蟀是一种昆虫，通过摩擦两只翅膀发出声响，而且“唱歌”的都是雄性蟋蟀。

“小船，小船！”刺猬球球激动地喊起来，球球第一次发现水里竟然有一艘银光闪闪的小船。

河面微波鳞鳞，细碎的波纹在水面上轻轻摇荡，球球多么想得到这只小船啊！可是，当他站到水边，睁大那双黑亮的小眼睛的时候，顿时清醒了：老祖宗游泳的本领就不算高，更别提自己了，如果掉下去就成“水球”了！不过，球球突然有了一个好主意：把小船捞上来以后，再乘坐小船就可以在水中畅游，像小鸭子那样棒。

球球找来了小牛哥。

“嗯，多么漂亮的小船！”小牛哥水性比球球稍好一些，说完，一头扎进了水里……

水花四溅，小牛哥拼命地抓呀捞呀，眼看就要抓到小船了，却总不能把它送上岸。

过了一会儿，兔子奇奇路过这里，发现球球和小牛哥在小河边发呆，吓了一跳。

“怎么啦？”兔子奇奇关心地问。

“哦，兔子奇奇，你来了就好了。昨天，熊猫博士不是还表扬你变聪明了吗？你能想个办法，把河里的小船捞上来吗？”球球从尖尖的鼻子里发出几声哼哼声。

“这，这……”兔子奇奇望着水里银亮的小船，竖起那对特别大的耳朵沉思起来。

微风徐徐，虫声唧唧。河面上笼罩着淡淡的水汽，那艘弯弯的小船在水里摇啊摇，闪着亮亮的光。

“刚才，我下去捞了半天，也没有捞上来。”小牛哥难过地告诉奇奇，那小船好像会变魔法，怎么抓也抓不住！

“捞不起来？那我们一起来背小船，把小船从水里背上岸！”兔子奇奇猛地一拍脑袋，兴奋地说。

“好，好办法！”小牛哥连声赞同。

于是，小牛哥和兔子奇奇扑通扑通跳下河。他俩在河里用力地托呀举呀，累得筋疲力尽，还是没有把小船背上岸。

刺猬、兔子和牛等动物都会游泳，但是不如鸭、鹅等动物更擅长在水中活动。

“怎么会这样呢？”兔子奇奇失望地仰头叹息，无意间抬头一看：嘿，那只小船“游”到天上去了。

是小船，天幕上确实有一只弯弯的小船！

夜色里，刺猬球球、小牛哥和兔子奇奇一会儿看看天上，一会儿看看水里。天上一只小船，水里一只小船，弄得他们心中泛起无数的问号，像水花一样在晃动。

藏在课本里的秘密

★上弦月与下弦月★

太阳落山以后，在每个月上半月的上半夜的西边天空，看到的月面朝西的新月，叫上弦月，像弯弯的小船，这就是课文里的“月儿”；每个月出现在下半月的日出前的东面天空，月面朝东的，则叫下弦月，像字母 C 的样子。

熊猫博士悄悄告诉你

★天空中，哪一颗“星”离我们最近？★

“天上星，亮晶晶，数来数去数不清。”这是一首流传很久的歌谣。在天空中无数颗亮晶晶的“星”中，离地球最近的“星”是月亮，月亮距离地球大约 38 万千米。

谁偷走了冬天

——《四季》

春是草芽，夏是荷叶，秋是谷穗，冬是雪人。原来，《四季》是四幅内容各不相同的风景画。学习这篇课文的时候，正是秋天，只要细心地观察，我们就能在秋天里发现不少冬天的小秘密呢。可是，海豚杰克却找不到冬天……

夜幕降下来，橡树街小学静悄悄的。兔子奇奇独自来到小河边的柳树下，等啊等，就是不见海豚杰克的踪影。

海豚

海豚是一种水生的哺乳动物，皮肤光滑无毛，身体矫健、灵活，善于跳跃和潜泳。

“我就在这儿等。”兔子奇奇相信杰克不会走远的，这是他们的约定。

微风吹来，带着丝丝凉意。小虫子在夜色的掩护下，大声唱歌。天上又露出了弯弯的“小船”，闪着耀眼的银光。

过了一会儿，杰克果然驾驶着他的小飞艇来了。这艘小飞艇灵活自如，可以快，可以慢，也可以上升、下沉，还能够倒行。一句话，杰克驾驶着他的小飞艇自在极了，犹如在大海里畅游。

“杰克，这么晚，你去哪儿了？”兔子奇奇关心地问。

“我去找冬天，青蛙的冬天被人偷走了。”杰克认真地说。

青蛙

青蛙是两栖动物，长大后主要用肺呼吸，也能用皮肤呼吸。

原来，杰克从《四季》这篇课文里知道，草芽就是春天，荷叶就是夏天，谷穗就是秋天，雪人就是冬天，可是小青蛙很苦恼，他从来没有见过冬天。杰克想帮助青蛙找回冬天。

“杰克，是谁偷走了我的冬天，能不能麻烦你帮我找回属于我的冬天？”青蛙睁大眼睛，泪水湿润了眼眶。

“好的，我去帮你找回冬天。”杰克十分同情穿着绿色迷彩服的小青蛙。

于是，杰克驾驶着小飞艇从池塘边出发，飞呀飞，一眨眼飞到了一片茂密的草地。

“蝗虫先生，你看到冬天了吗？”

“冬天？什么冬天呀？”蝗虫伸了伸带着锯齿的手臂，十分不解。

“小青蛙的冬天呀。”杰克认真地说。

遗憾的是，蝗虫告诉杰克，他从来就没见过冬天是什么模样，更不要说是青蛙的冬天。

“冬天一定被谁偷走了，许多动物朋友都没有见过冬天呢。”接着，杰克把自己寻找冬天的经历，当作故事讲给兔子奇奇听。

为了寻找消失的冬天，杰克驾驶着飞艇，来到了一片松树林，仔细地询问了小松鼠，可是小松鼠摇动着长长的尾巴说，他也没有遇见过冬天；杰克还飞到了大山里，在一条幽暗的溶洞里，蝙蝠用嘶哑的声音回答他，从小到大自己就没有看过冬天的样子……

是呀，许多动物是有冬眠习惯的，寒冷的季节来临，它们都在睡梦中，哪会见过冬天呢？

藏在课本里的秘密

★青草和干草哪一种营养好？★

食草动物牛、马、羊等都特别爱吃草，那么草也有营养吗？是的，而且青草和干草的营养成分并不相同。青草中的水分和维生素含量比干草中的高得多，但是干草中的能量和蛋白质含量又比青草中的要高。因此，在养殖牛、马、羊等动物的过程中，饲养员通常是搭配使用干草和新鲜青草的。

熊猫博士悄悄告诉你

★“谷”指的是什么庄稼？★

我们常说“五谷杂粮”，它们指的是什么呢？“五谷”是指：稻谷、麦子、大豆、玉米、薯类，同时人们也习惯地把米和面粉以外的粮食称作“杂粮”，而“五谷杂粮”也泛指粮食作物。明朝李时珍在《本草纲目》中就有关于“谷类”等物种的记载。

遇上了“小气鬼”

——《比尾巴》

《比尾巴》这篇课文里写了许多动物的尾巴，有的长，有的短，有的弯，有的扁……兔子奇奇很羡慕他们的尾巴，便想起了“借尾巴”这条妙计。那么，结果怎么样呢？

有一天，兔子奇奇来到小河边照镜子，发现自己的尾巴很难看，又短又粗，便突发奇想去借尾巴。

兔子奇奇看到一只小鸭子游过来，认真端详了一番，确实像书里写的，鸭子的尾巴是扁的。

鸭子

鸭子是一种鸟类，也是卵生动物，可以潜入水下捕捉食物，但不能在水下待得太久。

“小鸭子，借你的尾巴用一用，可以吗？”兔子奇奇张着可爱的三瓣嘴说。

“对不起呀，我的尾巴潜水的时候就像小船的舵。没有它，就不能控制方向。”小鸭子用嘶哑的声音说，“你向孔雀借尾巴，他的尾巴更漂亮！”说完，小鸭子一头扎进了水里，留下一圈轻轻摇荡的波纹。

兔子奇奇来到孔雀沟，找到了一只美丽的孔雀。

“孔雀姐姐，你的尾巴能不能借给我用一用？有了你这条美丽的尾巴该多好啊！”兔子奇奇十分羡慕地说。

“对不起，你应该叫我小哥哥。”孔雀抖动着美丽的尾巴说，“没有美丽的尾巴，我就不是小哥哥了。”说完，孔雀踱着方步，慢慢地离开了。

在一片小松树林里，兔子奇奇遇上了小松鼠。

松鼠

松鼠的种类很多，全世界约有200多种，中国有20多种，其中生活在树林里的松鼠，在我国东北和华北各地十分常见。

“小松鼠，你的尾巴能借给我吗？”兔子奇奇认真地问。接着，兔子奇奇把向孔雀借尾巴的事说了一遍。

“哎，那我比孔雀还小气哦。”松鼠一边咀嚼着小松果，一边慢吞吞地说，“没有尾巴，我在松树上跳来跳去，早就摔得头破血流了。”

松鼠告诉兔子奇奇，他的尾巴就是离不开的平衡器。

“那你小心点，跑得慢一点嘛。”兔子奇奇还是缠着松鼠，耐心地说，“借个尾巴有这么难吗？”

小松鼠听了兔子奇奇的一席话，不急不躁，

心平气和地告诉他：“如果没有尾巴，我冬天睡觉的时候会很冷，毛茸茸的大尾巴是我离不开的被子。”后来，松鼠建议兔子奇奇向小马哥借尾巴。

在一片草地上，兔子奇奇兴致勃勃地找到小马哥。

“小马哥，你的尾巴多好看，那么长，能借给我吗？”兔子奇奇搭讪起来。兔子奇奇还把小气的孔雀和松鼠数落了一番。

“不好意思。我的尾巴也舍不得借给你。”

“你也舍不得？为什么呀？”

“你看，这里的蚊子呀，牛虻呀，特别多，叮得我难受，幸亏这条长尾巴打来拍去。要是没有这条尾巴，我不知要受多少罪呢。”小马哥一边说，一边摇动着笤帚一样的长尾巴。

最后，兔子奇奇两手空空，什么也没借到，心想，又遇上了一个“小气鬼”！

藏在课本里的秘密

★兔子的尾巴★

俗话说，“兔子的尾巴长不了”。兔子的尾巴确实很短，但是，不要小瞧它的作用，在紧急情况下，特别是被猛兽咬住时，兔子能立刻使用“脱皮计”，将尾巴的“皮套”脱下，从而在刹那间逃命。

熊猫博士悄悄告诉你

★雄孔雀的尾巴有什么作用？★

雄孔雀的尾巴可以起到保持平衡、控制飞行的作用，也是向雌孔雀炫耀的工具。在遭遇危险时，雄孔雀也会展开尾羽，因为尾巴上酷似眼睛的斑纹可以迷惑和威慑天敌，它还会不断抖动尾巴，发出沙沙的声响。

寻找智慧泉

——《青蛙写诗》

《青蛙写诗》这篇课文充满了奇特的想象力，为了让青蛙把诗写好，小蝌蚪愿意当逗号，水泡泡要当句号，小水珠要当省略号……后来，兔子奇奇与青蛙相遇，不谈诗，却聊起了水，你说奇怪吗？

兔子奇奇和海豚杰克结伴去寻找智慧泉。传说智慧泉的水，可以让大家更聪明、更健康呢。

那一天，他俩起了个大早，穿过一片丘陵，越过一座山头，来到了山脚下的那片池塘前，他们被满池的荷花吸引住了，还意外地发现了课文里描写的那只会写诗的小青蛙。

荷花

荷花全身都是宝，藕和莲子能食用，莲子、根茎、藕节、荷叶、花和种子的胚芽等可以做药材。

“青蛙，你知道智慧泉在哪里吗？”兔子奇奇停下脚步，向青蛙打听起来。

“智慧泉？我不知道。”青蛙睁大了眼睛。

“你整天与水打交道，在水里玩耍，难道不知道智慧泉的传说？”杰克不解地问。

“真的不知道。对不起，我要逃命。”说完，青蛙扑通一声，钻进了水里。

兔子奇奇和杰克镇定一看，嘿，发现池塘边来了一位红衣少年：背着鱼篓，手握鱼叉……原来，是这位捕鱼少年把小青蛙吓跑了。

杰克看见这一幕，立即想起了伤心的往事：

在茫茫无际的大海里，海豚杰克曾经和美人鲨丽塔去探索大马哈鱼的洄游之谜。有一天，突然有一艘捕鲨船飞驶而至，鱼枪上散发着血腥的气味，让一条大白鲨误以为有了美食，迎着飞枪冲了过去……结果，这条大白鲨被捕鲨人割掉了背鳍，无法上浮，只能沉在海底，等待死亡！

鳍

鳍指鱼类和某些其他水生动物的类似翅或桨的附肢，起着推进、平衡及导向的作用。许多不同的生物都演化出鳍，尤其是大多数的鱼类。鲨鱼鳍常常被人类用来做鱼翅，因暴利驱使，很多人为了鱼翅而捕杀鲨鱼。这是一种残忍的行为，我们应该保护动物，抵制这种行为。

“我从大海里来到陆地上，就是为了寻找智慧泉，让大白鲨喝上智慧泉的水，恢复健康，重新浮上海面。”杰克动情地说，“也希望自己和丽塔更聪明，可以破解大马哈鱼的洄游之谜”。

“好的，我一定陪你找到智慧泉，实现你的愿望。”奇奇十分理解海豚杰克。

随后，他们离开池塘，继续在大山里穿越、寻找。

在一条山谷里，他俩与大象师傅意外相遇，

并发现了谷底有一泓五彩泉，惊喜万分。

五彩泉

泉水里有不同的矿物质、微生物，再加上阳光的作用，使泉水呈现五颜六色的状态。

“大象师傅，这是智慧泉吗？”杰克激动地问。

“这是大名鼎鼎的五彩泉。”大象师傅耐心地说，“智慧泉是一个古老的传说，千万不要为一个传说去犯傻啦。”

斜阳像一颗硕大的橘子，慢慢下坠。

杰克和奇奇听了，有点失望，可是现实就是这样呵，转了一天也不见智慧泉的影子，他俩只好无精打采地踏上了归途……

藏在课本里的秘密

★青蛙的美食★

青蛙是杂食性动物，其中植物性食物约占食谱的10%，动物性食物约占食谱的90%，它最爱吃的食物是各类昆虫，包括蚊子、苍蝇、稻螟、稻苞虫、玉米螟、棉红铃虫、金龟子、瓢虫等。

熊猫博士悄悄告诉你

★鲨鱼对血腥味很敏感吗？★

鲨鱼（包括大白鲨）在海水中对血腥气味特别敏感，可以嗅出水中百万分之一浓度的血肉腥味来。日本科学家研究发现，在1万吨的海水中即使仅溶解 1克氨基酸，鲨鱼也能觉察出气味而聚集在一起。

剩下的半瓶水

——《乌鸦喝水》

《乌鸦喝水》这篇课文原本是一则著名的寓言故事，自从乌鸦用石子喝到瓶子里的水以后，名声大振。后来，刺猬球球也来这里喝水，用的还是乌鸦那只瓶子，结果却大不一样啦……

伴随着一阵铃声，熊猫博士走进教室，熊猫博士上课前的第一件事就是点名。

“小马哥。”熊猫博士声音洪亮。

“到。”

“球球。”熊猫博士又点了一次，“球球。”默无声息。

哦，球球迟到了？或者旷课了？熊猫博士根本没有收到一点儿消息……

“丁零零……”，正在上课，熊猫博士的手机突然响了。

打电话的是大森林警察局的山鹰警长。

“熊猫博士吗？我有一个重要的情况向您通报。”山鹰警长礼貌地说，“我马上到您的办公室去。”

“好的。”熊猫博士疑惑起来，心想，什么事要烦扰警察局呢？

好在熊猫博士一向沉着淡定，仍然从容地把《乌鸦喝水》的第二课时讲完了。

乌鸦

乌鸦又叫老鸹，嘴巴大、喜欢鸣叫，全身或大部分羽毛为乌黑色，这也是它名字的来历。

在那间朴素简易的办公室里，熊猫博士接待了山鹰警长。

原来，国庆长假期间发生了一件意想不到的事情。那一天深夜，山鹰警长接到报警电话，黑松林 33 号的刺猬大院感染未知病毒！山鹰警长当即穿上防护服、戴上口罩，并请上啄木鸟医生，在伸手不见五指的黑夜赶到出事的大院。刺猬球球的爸爸、妈妈，还有一群弟弟妹妹，全部中招……

“那球球得的是什么病？”熊猫博士紧张地问。

“是一种新型流感病毒。”山鹰警长皱紧了眉头，锥子一样的尖嘴绷得紧紧的！

“那是什么原因感染的呢？”熊猫博士有点害怕了。

“我们已经查明，与乌鸦没有喝完的半瓶水有关。”山鹰警长扇了扇翅膀说。

那一天，刺猬球球无意中发现了半瓶没有

喝完的水，里面还堆了几颗小石子，正是乌鸦没喝完的那瓶水。口渴难耐的球球，拿起来一饮而尽。经化验，那瓶水里有一种新型流感病毒，传播能力很强，既能通过接触传播，又可以伴着飞沫传播。

病毒

病毒比细菌还小，要用电子显微镜才能看清它的“尊容”，是由蛋白质和核酸组成的。

“这种病毒非常狡猾，潜伏期长，繁殖力强。”山鹰警长严肃地说，“学校要注意防护，防止大范围的传播。”

乌鸦喝剩下的半瓶水，竟然惹出了大乱子。

熊猫博士回到教室，又语重心长地叮嘱学生一番：要讲究卫生，自己才是第一责任人！

藏在课本里的秘密

★水对人体的作用★

水对人体十分重要。没有水就无法维持血液循环、消化、分泌、排泻等生理活动，体内新陈代谢也无法进行。当外界温度高或体内产热多时，水的蒸发可帮助散热。一方面，水可以运送氧气、营养物质、激素等，另一方面，身体又可通过大便、小便、出汗等途径把代谢产物及有毒物质排掉。

熊猫博士悄悄告诉你

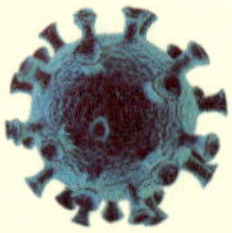

★病毒都是坏家伙吗？★

不一定。在人类的肠道里，病毒的数量比细菌还多，能帮助人类控制肠道菌群的平衡。比如，研究发现，小鼠肠道内的诺如病毒能帮助小鼠修复受损的肠道黏膜，维持肠道黏膜正常的免疫功能。一些温和的病毒，比如鼻病毒，还能够锻炼我们的免疫系统，使它不对轻微的刺激产生反应，从而减少过敏反应。

大海里有座“金房子”——《四个太阳》

《四个太阳》这篇小短文很精彩，想象力十分丰富，作者根据四季的不同色彩，把太阳画成不同的颜色，令人惊叹。可是，令人想不到的是，太阳居然会在大海里盖了一座“金房子”……

红山大森林里的橡树街小学仙人掌班里，山羊灵灵和兔子奇奇一直很投缘。这不，星期五放学以后，他俩就约好周六去看大海。

第二天，太阳暖洋洋地照耀着大地，灵灵八点准时来到了那棵茂盛的大香樟树下，可就是等不来兔子奇奇。

半小时后，兔子奇奇才急急忙忙地跑来。原来星期六了，他忘记给小钟定闹铃了。

钟

为了记录时间，古人用太阳投影或滴漏的方法，后来才慢慢发明出机械钟、石英钟以及现在的原子钟。

“那太阳晒到屁股了吗？”灵灵不但没有发火，还幽默起来。

“没有呀。晚上，妈妈帮我拉上窗帘啦。”兔子奇奇倒是很实在。

兔子奇奇和山羊灵灵边说边走，穿过一片茂盛的大森林，翻过连绵起伏的大山，钻出长长的山洞……

“大海是什么样的？大海里有什么？”山羊灵灵好奇地问。

“大海是蓝色的，海里有屋子那么大的鲸，

还有海螺，那壳儿能吹出好听的歌曲……最奇妙的是，大海里到处都是金子！”想不到，公鸡一鸣也跑来了。

鲸

鲸有许多种类，最大的是蓝鲸，平均长度约26米，最高记录为33.5米，平均体重达150吨，仅舌头的厚度就有3米多呢。

“金子？大海里会有金子？”

兔子奇奇和山羊灵灵都睁大了眼睛。

“那我们到大海里捞金子吧！”公鸡一鸣的话，更加激发了兔子奇奇和山羊灵灵对大海的向往。

海风习习，斜阳西下。兔子奇奇、山羊灵灵和公鸡一鸣来到了大海边。微风中，海面上果然涌现了数不清的细碎的金子，一片一片，闪着耀眼的光亮……可是，他们抓呀捞呀，用尽了办法，就是一块金子也捞不上来，哪怕是指甲那么大的金子！

“贪心的小朋友啊，这些金子是太阳送给大海的礼物，谁也拿不走！”突然，海鸥阿姨翩翩而至，收敛翅膀，停在金光闪闪的海面上说，“太阳公公在大海里盖了一座‘金房子’，海面上才会有千丝万缕的金辉呢。”

“金房子？”小伙伴们异口同声地问。

“是啊，许许多多海鱼、海虾和海螺都住在水下那座‘金房子’里。”海鸥抖了抖身上的金光说，“大海就是这么神奇，太阳对大海就是这么偏爱！”

小伙伴们一听，半天说不出话来，心想：这些小鱼小虾好幸福呀，竟然能住在闪亮的金房子里……

藏在课本里的秘密

★大海为什么是蓝色的？★

太阳光是由不同波长的光组成的，其中蓝光、紫光这些波长较短的光，有一部分被海水和海藻等吸收，大部分遇到海水的阻碍就散射到周围去了，或者被反射回来。我们肉眼看到的这部分被散射或被反射出来的光就是蓝光。海水越深，被散射和反射的蓝光就越多，因此大海看上去总是碧蓝碧蓝的。

熊猫博士悄悄告诉你

★你知道金子吗？★

金是一种金属元素。在自然界中，岩层里会出现金块或金粒等。它是货币金属之一，也被制成保值的珠宝首饰。正常温度下，金是固体，柔软、光亮、不容易被腐蚀。

杨树上的“寻鹊启事”
——《树和喜鹊》

《树和喜鹊》告诉我们，树有了邻居，喜鹊也有邻居，他们都很快乐。可是，兔子奇奇和公鸡一鸣成了邻居，却不是很快乐……

丁零零……，伴着一阵悦耳的上课铃声，熊猫博士走进了教室，他要求大家继续学习新课《树和喜鹊》。可是，小伙伴刚把这篇课文默读一遍，兔子奇奇就扔了一颗“炸弹”……

“天一黑，他们又叽叽喳喳地一起飞回窝里，安安静静地睡觉了。树很快乐，喜鹊也很

喜鹊

喜鹊是一种适应能力很强的鸟类，喜欢把家安在民宅旁的大树上，也爱在居民点附近活动，捡拾人类丢下的谷物或剩饭残渣，成了人类的义务“保洁员”。

快乐。”兔子奇奇读到这里，立即站起来，亮起大嗓门，吼起来：“老师，我的邻居是公鸡一鸣，他老是打呼噜，每天天还没完全亮就打，声音太响亮，我想睡个懒觉都不行。哪怕是星期天也睡不了。”

“是啊，公鸡一鸣的声音好大，也影响我的睡眠。”小牛哥听了，也站起来附和着。

熊猫博士想了想告诉大家：“公鸡一鸣不是在打呼噜，那是在打鸣，为你们报时呢。”

同学们听了，恍然大悟，教室里终于安静下来。

放学以后，兔子奇奇大步流星地往回走，

正好路过村头的那棵大杨树，抬头一看，嘿，树上竟然贴着一张“寻鹊启事”：

> 今有宝贝小喜，体色灰黑，体长 30 厘米，不慎走失，有提供线索者，必有重谢。联系电话：12345678。

原来，喜鹊家的小喜走丢了。

兔子奇奇看了看，眼睛一亮，嘿，老妈在树林里不是捡到一只小喜鹊吗？是不是喜鹊妈妈家那走丢的小喜呢？想到这儿，他飞快地跑回家，把藏在家中的小喜鹊送了回来，要让小喜鹊与大树也成为好邻居呢。

“太好了，谢谢。”喜鹊妈妈搂着小喜鹊，左看看，右瞧瞧，十分心疼。

从此，喜鹊妈妈对小喜鹊更加关心，眼睛总爱盯着小喜鹊的一举一动，生怕再有什么闪失。

日子一天天过去，细心的喜鹊妈妈越观察心中越怀疑，发现这宝贝长得越来越像灰喜鹊家的后代了，便找到了兔妈，说出了心中的疑虑。

“这真的不是我们的小喜。”喜鹊妈妈把自己观察到的情况一五一十地告诉兔妈妈，“应该是灰喜鹊的孩子。”

“哦，都怪奇奇太粗心了。”兔妈难为情地说。

灰喜鹊

灰喜鹊个头小，叫声也特别，一会儿是咻咻，一会儿是嘎嘎，比喜鹊的叫声复杂得多。

晚上，兔妈把这件事告诉兔子奇奇：“孩子，课文里写的是喜鹊，生活中还有灰喜鹊，喜鹊和灰喜鹊并不相同啊，不是一家的！”

兔子奇奇听了，惭愧地低下了头！

藏在课本里的秘密

★喜鹊是“益鸟”★

喜鹊的食物当中，80%以上都是危害农作物的昆虫，比如蝗虫、蝼蛄、金龟子、夜蛾幼虫和松毛虫等；剩下的是谷类与植物的种子，所以喜鹊被称为益鸟。

熊猫博士悄悄告诉你

★公鸡为什么会打鸣？★

公鸡打鸣是公鸡的一种本能反应，是由内在的生物钟所控制的。外在的光线或者声音会诱发公鸡打鸣。公鸡的大脑里有个松果体可以分泌褪黑素。光线或声音刺激会导致褪黑素水平下降，公鸡就会鸣叫。

追逐梦想的小伙伴
——《彩虹》

《彩虹》是一篇充满想象力的美文，写出了“水壶”“镜子”“秋千”等发生在彩虹上的故事。想一想：如果小兔子、刺猬和小蚂蚁分别走到了彩虹上，他们会做什么呢？

雨停了，天上出现了一座美丽的彩虹桥。又长又高又弯的彩虹桥啊，成了挂在天边最美丽的风景。

小牛哥是第一个看到彩虹桥的，他激动地跑呀跑，跑向那座彩虹桥，大声说：“我要到桥上去做健美操，让奶奶看看我有多棒。”

兔子奇奇知道了，立即跟着跑起来，激动地说："我要到桥上去唱歌，让妈妈听到我的歌声有多好。"

小刺猬球球也跑来，他像个肉墩儿，跑得好吃力，他也喊着："我要到桥上去跳舞，让爸妈都夸我的舞姿很美。"

哈哈，球球的屁股圆圆的，扭起来会不会像半个西瓜盖在那儿呢？他不管这些，只顾开心地跑呀跑。

随后，山羊灵灵也跟着跑起来，跑向那座彩虹桥……整个校园都沸腾起来。

"咦，今天怎么啦？是什么节日？"迎面走来了熊猫博士，步态还是那么优雅。

"我们都要去彩虹桥。"同学们异口同声地说。

"老师，我到彩虹桥上为您献上一朵花。"山羊灵灵接着说，"我走到桥上，您在桥下，这朵花正好可以戴在您的头上啦。”

说完，灵灵捧出了一朵鲜艳的小花。

同学们见了，都情不自禁地鼓起掌来：彩虹桥，我们有个约会！

桥

秦汉时期，祖先发明了砖头作为建筑材料，后来才有了用砖头砌成的桥。大约在东汉时期，梁桥、浮桥、索桥和拱桥这四大基本桥型已全部形成。

在路的尽头遇上了涓涓溪流，搭起一根横木，让脚小心翼翼地踩着通过，这就是最原始的独木桥，早在我国的西周时期就已经出现。

十个指头有长有短。这群追逐梦想的小伙伴，有的跑得快，有的跑得慢。跑在最前面的是小马哥，兔子奇奇排在第二……小路弯弯，在一片山岭里蜿蜒……

风轻轻地吹，云慢慢地飘，彩虹桥变得若

隐若现。

当小伙伴穿过一片草地，越过一座小山头，放眼望去，那彩虹变得越来越淡，只剩下浅浅的轮廓了，而且距离他们还是那么遥远……不过，彩虹桥就像一个五彩的梦，小伙伴们在追逐的过程中获得了美妙的享受。

藏在课本里的秘密

★彩虹★

阳光照射到空中接近球形的小水滴，经过光的色散及反射，就形成了彩虹。一般是雨后刚转天晴的时候，最容易出现彩虹。

熊猫博士悄悄告诉你

★联想是从哪来？★

为什么由“镜子”会想到“月亮”？因为它们都是明亮的、圆的，形状和色泽相似；为什么由“秋千”“花裙子”能想到“彩云”？因为它们是飘动的、彩色的，颜色和姿态相似。瞧，这些都是课文中的联想，找到两者的相似点，这才是联想的源泉。

送伞记
——《要下雨了》

《要下雨了》这篇课文讲述下雨前，燕子、小鱼、蚂蚁等动物的一些特殊表现，给我们留下了深刻的印象。要是真下雨了，兔子奇奇做一把荷叶伞，会怎么样呢？

丁零零，丁零零……下课铃声响了，橡树街小学的小伙伴们兴奋得手舞足蹈，收拾书包奔跑回家。

兔子奇奇走到池塘边，看到满池的荷叶一片连着一片，密密麻麻地交织在一起，有的叶片都伸到了岸边，长势十分旺盛。

“小鱼，你怎么从水里钻出来了？想看看池塘外面的风景吗？”兔子奇奇迷惑地问。

“水里好闷呀，要下雨啦，你赶快跑回家吧。”小鱼说，“我对天气很敏感。”

“下雨？”兔子奇奇听了，灵机一动，连忙弯下腰来，采了一片大大的荷叶，跑走了。

在半路上，兔子奇奇想把这把荷叶伞送给小蚂蚁丁丁。

“谢谢你，我不用伞。”丁丁自信地说，“不远处就有可以藏身的小洞啦。”

在一片草地上，兔子奇奇又把荷叶伞送给蜻蜓。

“谢谢你，我不用伞。我飞得快着呢。”蜻蜓展开翅膀飞舞着，临了还说，“这会儿虫子多，我要饱餐一顿再飞走。”

轰隆隆——一道闪电划破了天边的乌云。

兔子奇奇顶着那把心爱的荷叶伞急急忙忙

地跑回家，与兔爸撞了个满怀。

原来，兔爸正准备给宝贝儿子送伞。

“爸爸，我有伞，以后下雨就不用你送伞啦。”兔子奇奇拿出了那把荷叶伞。

“小傻瓜！荷叶伞你能用得上吗？给小蚂蚁丁丁用还差不多。”兔爸急了，脱口而出，“你哪天能学会遇事动点脑筋呢！”

兔爸扔下一句狠话后，又严肃地告诉宝贝儿子，在池塘边采荷叶十分危险，要是掉进荷花池里，小命就没啦！

荷花

荷花产于中国，是我国的十大名花之一。荷被称为“活化石”，是被子植物中起源最早的植物之一。

嗯，没错，如果把野外生存区域排个序，荷花池至少是三星级危险地带：荷花的根茎盘结在一起，荷花池里淤泥很深，掉进去连挣扎的机会都没有……嘿，这里应该竖一块牌子：小心，池塘危险！

“还有，荷叶是不能采的，它是小水珠的摇篮，是小蜻蜓的停机坪，是小青蛙的歌台，

是小鱼的凉伞……一句话，荷叶不能采。”兔爸恨铁不成钢，“儿子，书是怎么读的，越读越糊涂！”

“哇……”兔子奇奇哭了，“做一只好兔子怎么这么难！”

下雨了，兔子奇奇的哭声伴着雨声，织成了一曲伤心的交响曲。

兔子奇奇有错吗？虽然在池塘里采荷叶危险，但那是向小蚂蚁表达关心，给蜻蜓送去关爱，爸爸啊，你为什么看不到儿子在成长呢？嘿，老爸，等妈妈回来，看她怎么收拾你！想到这里，兔子奇奇安心地进入了梦乡……

藏在课本里的秘密

★雷声★

“轰隆隆，天空响起了一阵雷声。”这是课文中描写的。想一想，为什么会有雷声呢？原来，闪电的温度极高，大约是太阳表面温度的3～5倍。闪电的极度高热使沿途空气剧烈膨胀、推挤并使周围的空气产生剧烈的振动，振动的空气往外传递，发出很大的响声，这正是远处听到的轰隆隆的雷声。

熊猫博士悄悄告诉你

★蜻蜓的眼睛有多厉害？★

蜻蜓有两只硕大、奇妙的复眼，又大又鼓，占据着头的绝大部分，是世界上眼睛最多的昆虫。蜻蜓的复眼由数不清的小眼构成，这些小眼都与感光细胞和神经连着，可以辨别物体的形状大小，而且上、下、左、右都能看到，却不需要转头。更为神奇的是，它的复眼还能测速。当物体在复眼前移动时，每一个小眼依次产生反应，经过加工就能确定出目标物体距离自己的远近。这使得它成为昆虫界的捕虫高手。

圆圆和珠珠的故事
——《我是什么》

《我是什么》这篇课文讲述云变成雨的故事，从小雨点到暴雨，做过许多好事，也做过一些坏事。每一个小水滴都有自己的传奇，有的想落到花园里，有的想投入到大海的怀抱里……

下雨了，小雨点落到池塘里，像无数的小眼睛在眨呀眨。大象师傅跑进茂密的森林里，蝙蝠妈妈带着小蝙蝠躲到一片宽大的树叶下，小青蛙和妈妈沐浴在小雨里呱呱地唱歌……

有两颗雨点儿，一颗叫圆圆，一颗叫珠珠，她们来自同一片云朵，却经历了不同的人生。

云朵

当裹在云朵里的小水滴，变成小雨点落下来的时候，最大的小雨点直径在8-10毫米之间，最小的还不到0.5毫米，人类的肉眼很难看清它的“真容”。

沙沙，沙沙，小雨不停地下着。兔子萌萌感到很幸福，很爽快，觉得这是一场免费的淋浴。

“好舒服，雨水把我身上的灰尘全淋掉了。”兔子萌萌高兴地说。

“哼，怎么是一只小兔子呢？我的理想是落到花园里，让花儿洗个澡。”突然，这颗叫圆圆的小雨点说话了，那声音里充满了不解，甚至气恼。

“怎么，要到花园里？让花儿洗个澡？”兔子萌萌被这突如其来的声音惊呆了，半晌，才回过神来说，“我正要感谢你呢。”

可是，小雨点圆圆哭泣着告诉萌萌，她来

自一朵厚厚的云，那里住着好多姐妹，她们随着一阵狂风，纷纷落地。开始，云朵妈妈是洁白洁白的，像棉絮一样。后来，云朵妈妈像变魔术一样，越变越黑，许许多多的小雨点就像成熟的葵花籽一样，聚在妈妈的身边。不过，每一颗小雨点离开妈妈以后，都有各自的梦想……

哗哗，哗哗，雨越下越大，雨点像豆粒一样落下来。

“好大的雨呀。”公鸡一鸣露出带着弯钩的尖嘴说。

公鸡一鸣发现池塘的水面上，绽放出一朵朵水花。

“哎，怎么是一只公鸡呢？”一颗名叫珠珠的大雨点几乎是呐喊着说，“公鸡，我可不想落在你身上！”

“哼！我也不想被你淋到！”公鸡一鸣吵

架一点也不外行。

“呜呜，呜呜……”珠珠委屈地哭泣着说，“我想落进大海里！”

珠珠擦擦眼泪说，她来自云朵妈妈的怀抱，在天空漫步的时候，曾告诉妈妈，自己的理想是到大海里经风雨、见世面，那里有自由航行的万吨巨轮，那里藏着无数的宝藏，那里的海鸥会唱歌，那里的鱼儿会舞蹈……

这时候，兔子奇奇跑过来宽慰她：“每一颗雨点命运都不相同。同样是一片云朵生的雨点，不同的季节，样子都不同，有的变成冰雹，有的变成了雪花。”

后来，圆圆和珠珠不期而遇，她们互相诉说各自的经历。虽然她们都来自天空，可是有的受欢迎，有的遭呵斥，她俩想不明白这是为什么，于是滴滴答答地流下了一串不解的泪水……

藏在课本里的秘密

★植物与水★

水是植物主要的组成成分，植物的含水量在60%–80%之间，有的甚至可达90%以上。没有水就没有生命，水能够维持植物细胞和组织的紧张度，使植物器官保持直立状态，水也是植物进行光合作用制造有机物的重要原料。

熊猫博士悄悄告诉你

★雨水有坏处吗？★

雨水过量有许多坏处：雨下多了会影响植物生长，甚至抑制植物呼吸，导致植物死亡。雨下多了，会引发山体滑坡、泥石流等，会侵蚀建筑物，影响建筑物的寿命。雨下多了，还会引起路面打滑，造成车祸或其他的交通事故。

密林里来了“新主人”
——《植物妈妈有办法》

《植物妈妈有办法》是一篇科普美文，生动形象地介绍了植物传播种子的方法。想一想：斑叶兰会不会像蒲公英那样，靠风力来传播种子呢？

学习《植物妈妈有办法》这篇课文以后，许多小动物对植物的传播很感兴趣，不再瞧不起没有手、没有脚，也没有嘴巴和耳朵的植物，觉得植物世界也很神奇，植物妈妈真的很有办法。

有一天，兔子奇奇、山羊灵灵和小牛哥各自向密林深处走，分头去找智慧泉，他们的每一颗心里都藏着对森林的好奇。

“小点点，你在哪里呀？”突然，密林里传来了呼唤声。

“斑叶兰妈妈，请放心，小点点是我吹走的，就让我去把他找回来吧。”这时，风伯伯拍着胸脯，对斑叶兰妈妈说。

斑叶兰

斑叶兰的种子很小，直径只有几十微米，小得几乎如空气中的灰尘一样，肉眼是看不出来的，不用放大镜根本发现不了它的“尊容”。

说完，风伯伯跑呀跑，找到了小牛哥。

“你看见小点点了吗？”

“哎，没看见，没看见。”小牛哥摆摆手说。

斑叶兰的孩子个头非常小，一阵微风便可以把他吹跑，小牛哥即使与他面对面地碰上也认不出来啊！

风

风可以帮助植物传花授粉，也称“风媒”，有的花粉很微小，很容易被风传送，即使是数百米以外的雌花，也可以接受授粉并结果。

“小点点，你在哪里呀？”斑叶兰妈妈还在大声呼喊，这焦急的声音在寂静的树林里传得很远、很远。

“你看见小点点了吗？”在一片高坡上，风伯伯对兔子奇奇说。

“不知道，我根本就没有听说过他，就算看见也不认识啊。”

斑叶兰妈妈还在继续呼唤，风伯伯还在继续寻找。

“你看见小点点了吗？”风伯伯在一棵树下，遇到了山羊灵灵。

“小点点是什么模样儿？”灵灵思索起来。

“长得很小很小，比蚂蚁丁丁还要小。”

“天啦，不戴放大镜，根本就发现不了，对吗？”

“是啊，是啊！”

灵灵听了，无奈地摇摇头。

傍晚的时候，小牛哥、山羊灵灵和兔子奇奇走出了大森林，他们并没有找到传说中的智慧泉。他们去向熊猫博士打听小点点的下落。

熊猫博士说：“斑叶兰的孩子那么多，多得惊人，轻似柳絮，随风到处飘舞，到处传播，任意一处土缝泥隙都能成为他们的家。明年春暖花开，这一群群离家出走的孩子都像变魔术一样从土里冒出来，长成一株株嫩绿的斑叶兰。他们会成为这片土地上的新主人。”

柳絮

柳絮是柳树的种子，上面有白色绒毛，随风飞散如飘絮，因此称它为柳絮。

恰巧，风伯伯吹着口哨路过这儿，听到了熊猫博士的一席话，便兴奋地跑去告诉斑叶兰妈妈，让她放心，小点点没有丢，第二年的春天他会长成一株漂亮的小斑叶兰呢！

藏在课本里的秘密

★植物的传播★

课文里讲“豌豆妈妈有办法”，其实凤仙花、大豆等植物也是靠机械力传播的。凤仙花的果实成熟后，在阳光的暴晒下，会自动弹裂，把种子弹向四方。成熟的大豆能从豆荚中迸裂，向地上随意滚落，钻进泥土里发育成长。除此以外，莲蓬还能够借助水的力量漂泊，漂到哪儿就在哪儿安家。

熊猫博士悄悄告诉你

★你知道“种子之最”吗？★

在种子家族中，虽然蚕豆的种子重量比较大，但最大的是复椰子的种子，它的直径达几十厘米。芝麻的种子重量比较小，1 千克芝麻竟有 25 万粒之多。还有四季海棠的种子，5 万粒四季海棠的种子只有 0.25 克。当然，最小的种子是斑叶兰的种子，5 万粒斑叶兰种子竟然只有 0.025 克。

天有多大
——《坐井观天》

《坐井观天》是一篇寓言故事。生活在井里的青蛙，认为天不过井口那么大，而小鸟说天无边无际，大得很。后来，小青蛙跳出井口，发现天有多大呢？

“哗啦，哗啦……”一场大暴雨连续下了三天三夜，下得小河淌、大河满。

村里的那口古井灌满了水，快要溢出来了。生活在井底的那只青蛙，一点力气也没费，就轻松地爬到了井口。睁开眼一看，嘿，天，真的比井口大得多。

“朋友，怎么样？天比井口大得多吧！”刺猬球球跑过来了。

“不过，也大不了多少。让我量一量，再告诉你。”青蛙蹲在井边，抬头望了望四周。

这是一个小庭院，青蛙从东跳到西，又从

南蹦到北，量来量去，究竟有多少步，自己也记不清。

“球球啊，天比井口大得多，像一只口袋，能把院子里的兔子奇奇、小牛哥、公鸡一鸣都装在里面呢。”青蛙两只眼睛睁得圆圆的，一动也不动，一副挺认真的模样。

“朋友，你又弄错了。你走到院子外面，顺着山坡，到山顶看一看吧！”球球想了想说，“山上的猴子，比我们站得高、看得远。”

迈出古井的青蛙，又迈出庭院，费了九牛二虎之力爬到了山岗，朝四周一望，嘿，都是连绵起伏的大山。他抬头望一望，再低头看一看，发现天真的很大。

“猴哥，天好大啊，能装下整整一个村子！”青蛙十分感慨地说。

“朋友，你还是错了。”接着，猴哥非常友善地说，“天究竟有多大，你去问一下小鸟，他整天在这片天空飞来飞去，比你我更知道天有多大呢。”

于是，青蛙跳呀蹦呀，找到了一只小鸟，终于如愿以偿地骑在小鸟的背上飞呀飞，看到了高山、平原、江河、湖海……它们都在天的怀抱里。

小鸟还告诉青蛙，喜马拉雅山山脉的斑头雁能飞到 9 千米左右的高度，可以飞越珠穆朗玛峰，也没有碰到天空，这说明天空比那座“世界屋脊”还高、还大呢。

“天，真的无边无际啊！”青蛙从小鸟的翅膀上滑落下来，无比羞愧地说，“都怪我的见识太少！”

从此，青蛙再也不愿意回到那口古井里，就好像一扇打开的大门再也不愿意合上一样，并且一直希望能有机会再去看看蓝天……

藏在课本里的秘密

★“蓝天”的高度★

苏联的科学家曾乘坐特制气球做过一次高空探测。当气球升到9千米的时候，天空是蓝色的；到10.8千米的高空时，天空呈暗蓝色；到13千米的高空时，天空变成暗紫色；接近18千米时，天空一片漆黑。也就是说，“蓝色的天”的高度大约距地面10千米。

熊猫博士悄悄告诉你

★斑头雁为什么要飞越珠穆朗玛峰？★

斑头雁的繁殖地位于中亚，或中国西部的高原湖泊、草原湿地，冬季需要迁往中国西南或东部湖泊湿地越冬，有的还会迁往印度恒河地区越冬，因此必须要飞越珠穆朗玛峰，迁徙期间的飞行高度可达1万米左右。

难忘的一课

——《我要的是葫芦》

《我要的是葫芦》是一篇很有哲理的美文，短小精悍，却耐人寻味，通过蚜虫与葫芦之间的故事，告诉我们事物之间是互相联系的。猜一猜，学习《我要的是葫芦》这篇课文的时候，熊猫博士出了什么新招？

“事物之间的联系是千丝万缕的。学习《我要的是葫芦》这一课，大家受到了什么启发？

葫芦

在浙江余姚河姆渡遗址里，考古学家发现了7000年前的葫芦及种子，这是目前世界上关于葫芦的最早发现。

谁能讲一讲呢？”上课了，熊猫博士望着大家说。

“老师，我来讲一个。”小牛哥想了想说，“学习这篇课文，让我想起了《能人种瓜》。

“在一个小村落里，出了一个种瓜的能人。别人家种的南瓜虽然长得好，但是结的瓜都不如他家的多。那么，这是什么原因呢？

“原来，他种的南瓜开花以后，他会采摘雄花套在雌花的蕊上，这叫人工授粉，比靠蜜蜂、蝴蝶等昆虫授粉的成功率要高得多。

授粉

虫媒授粉属于自然授粉，自然授粉还包括风媒、水媒、鸟媒等授粉方式。

“怎么样？植物开花结果，奥秘很多。要想结出的瓜多，离不开授粉。这就是两者的关系。”小牛哥接着说。

熊猫博士听了，欣喜地点了点头，把期待

的目光投向了兔子奇奇。

兔子奇奇想了想，站了起来，讲的故事名字叫《神仙果》：

“传说很久以前，一个老神仙送给三个小神仙每人一颗神仙果的种子。老神仙说：‘你们拿回神仙果，在种之前要许个愿，许什么愿就会结什么果。’三个小神仙听了，激动万分。

“第一个小神仙许的愿是，果子长成了，吃了它能越来越漂亮。

“第二个小神仙许的愿是，果子长成了，吃了它可以越来越强壮。

“第三个小神仙许的愿是，果子长成了，吃了它会越来越聪明。

“后来，这三棵树都长成了，结出了果实，可是第一个小神仙吃了，并没有变得漂亮；第二个小神仙吃了，也没有变得强壮；第三个小神仙吃了，也没有变得聪明。

“‘师父，您是不是骗了我们？’三个小神仙异口同声地问。

“‘没有啊！世上万物都有因果。第一棵树，你没有浇水、施肥，吃了果子怎么会漂亮？

第二棵树，你没有修剪，乱蓬蓬的，结出的果吃了怎么能健壮呢？第三棵树，你没有培好土，固好根，结出的果吃了怎么会聪明呢？三棵树结出的果实都是又小又涩。你们许的愿与劳动是联系在一起的。’”

哗哗！教室里爆发了掌声。

兔子奇奇第一次获得这么热烈的掌声！

这一课，真的很难忘！

藏在课本里的秘密

★蚜虫与蚂蚁★

蚜虫的嘴巴就像一根针，能刺穿植物的表皮，吸取植物的汁液。每隔一段时间，这些蚜虫就能分泌出含有糖分的蜜露。蚂蚁中的工蚁发现了，就立即赶来，用大颚把蜜露刮下，吞到嘴里。这样，蚂蚁为蚜虫提供了保护，赶走天敌；蚜虫也给蚂蚁提供蜜露，它们成了很好的合作伙伴。

熊猫博士悄悄告诉你

★蚜虫会危害植物吗？★

蚜虫，又叫腻虫、蜜虫，是昆虫家族成员之一，也是世界上最具破坏性的害虫之一。蚜虫的嘴巴像小小的针一样，能够刺到植株里，吸食它的汁液，导致植物细胞受到破坏、生长失去平衡，严重时植株会停止生长，甚至全株枯萎而死；蚜虫还会引起霉菌病的发生，影响植物的生长。葫芦遭受蚜虫侵害结不出葫芦也正是这些原因造成的。

堆雪人
——《雪孩子》

《雪孩子》中，小兔子的房间失火，雪人救出了小兔子，却毁掉了自己。后来，小兔子请了哪些小伙伴来堆雪人，结果怎么样？

《雪孩子》里的小雪人为了救火，毁掉了自己。可是，橡树街小学的兔子奇奇，还是想有个雪孩子作为自己的新伙伴。是呀，没有雪人的冬天，兔子奇奇觉得太寂寞了。

于是，兔子奇奇天天盼着下雪，然后堆一个可爱的雪人。

终于有一天，兔子奇奇迎来了一场大雪：纷纷扬扬的雪花，像棉絮一样，一大团一大团地从灰蒙蒙的天空中，漫无边际地洒落下来，好大的雪呀，树木、房屋、道路，都在雪花包裹的世界里。

雪

雪是从云中降落的具有六角形白色结晶的固态降水。因为空气中所含水汽的多少和温度的高低不同，所以形成的雪花形状也各不相同。

“老爸，我要堆个雪人。”雪停了，兔子奇奇对老爸说。

“好啊，你自己去找个伴儿，一起堆吧。”兔爸乐开了三瓣嘴说，“玩雪的事儿，还是和小伙伴们一起最合适呢。”

当然，兔爸对儿子的动手实践，一向是大力支持的，从来不担忧他把身上弄脏，也不怕他受凉感冒。

在河滩上，雪地里，兔子奇奇第一个找到了公鸡一鸣。

鸡

鸡是一种家禽，家鸡源于野生的原鸡，其驯化历史至少有4000年。

“堆雪人？我的眼睛在雪地里根本睁不开呀，不要说干体力活，连找口食物都比较困难呢。”公鸡一鸣想了想，不好意思地说，“我的爪子尖尖的，不适合铲雪。”

兔子奇奇听了，无可奈何地离开了。

在雪的映照下，池塘里的水不是绿的，而是青黑色的，嘎嘎鸭正悠然地浮在水面上，一点儿也不冷，一副悠然自得的样子。

“嘎嘎鸭，来和我一起堆雪人吧？”兔子奇奇张开三瓣嘴大声说。

鸭

鸭子没有汗腺，皮下的脂肪层很肥厚，身上遍布羽毛，尤其是贴身的那层绒羽，保温性能极佳，有了这样的层层防护，自然就不会惧怕寒冷了。

“不行啊，我不会铲雪。”嘎嘎鸭用嘶哑的声音说，“我的脚掌能划水，可是不能当铲子用。”

是啊，小鸭子一旦到了岸上，走路都蹒跚，哪能铲雪呢。

在一棵大树的树洞里，兔子奇奇找到了小刺猬球球。

“咦，在睡觉？打扰人家睡觉是不礼貌的。”兔子奇奇蹑手蹑脚地来到树洞边，发现球球正在呼呼大睡。

在雪花掩盖的树根下，细心的兔子奇奇发现球球还撒尿了，这说明球球刚刚还是醒着的呢。

“怎么办？”兔子奇奇在心里想了想，“还是在这儿等等吧，或许球球醒来以后，会答应跟我一起堆雪人呢。”

于是，兔子奇奇靠着树根，耐心地等啊等，却不知不觉地睡着了，梦中他跟球球一起堆了一个戴着红帽子的雪人……

藏在课本里的秘密

★奇妙的雪花★

雪花非常轻盈，单个雪花的直径一般在0.5～3毫米之间，重量也只有0.2～0.5克。不论雪花怎样千变万化，也不论它的大小、轻重，结晶体大部分都是有规律的六角形，但细分起来还是有成千上万种具有微小差别的图案。

熊猫博士悄悄告诉你

★刺猬真会冬眠吗？★

寒冷的冬天，气温低、食物少，刺猬寻觅不到食物，就会慢慢进入冬眠状态。刺猬冬眠长达四五个月的时间。冬眠时，刺猬的体温下降，其他生理机能也一同减弱，包括血液循环减慢、心律下降，偶尔也会醒来排泄。

找朋友

——《风娃娃》

《风娃娃》这篇课文中的风娃娃吹风车、吹船帆，做了许多好事；也吹跑了人们晾晒的衣服、折断了小树，闯了一些祸……后来，风娃娃找朋友，又做了哪些事呢？

风娃娃爱交朋友，大清早就出门了，像一只出笼的小鸟。橡树街小学的小牛哥、兔子奇奇和公鸡一鸣都愿意与他交朋友，可是风娃娃不屑一顾地跑开了……

风娃娃是一个调皮的孩子，离开橡树街小学以后，来到了沙漠里。

“小沙粒，交个朋友吧，我来教你跳舞。”风娃娃站在沙漠的边上，俯下身子对脚下的一粒细沙说。

于是，风娃娃鼓起嘴巴，吹啊吹，一个小沙丘被吹跑了，变成了笼罩着天地的沙尘暴……风娃娃成了野孩子。

沙尘暴

沙尘暴会导致生态环境持续恶化，也会影响人类的生产生活，包括影响交通安全、危害人体健康等。

不久，风娃娃又来到草原上，看见有个牧民丢下了一个烟头，连忙蹲下来，想要吹灭烟头。

谁也想不到，风娃娃吹呀吹，小火星奇迹般复活了，火越烧越旺，烧成了一片火海……风娃娃成了疯孩子。

后来，风娃娃跑到了大海上。

“小浪花，我们做朋友吧，我能教你唱歌。”风娃娃大声说。

小浪花在风娃娃的吹动下，果然唱歌了，而且风娃娃越用力，小浪花的嗓门越大，最后巨浪滔天，把一艘捕鱼的小船掀翻在海里……风娃娃成了坏孩子！

“熊猫博士，那不是我的错。”转了一圈，风娃娃回到橡树街小学，难为情地说，“是沙粒、火星儿，还有小浪花在捣蛋，真的不怪我，只是我……”

“孩子，你找错了朋友。”熊猫博士语重心长地说。

是啊，找错了朋友，好事也会变成坏事。

风娃娃听了熊猫博士的话，知错改错，与小雨点成了好朋友。

春天，在和风中，在细雨里，迎春花开了，桃花、梨花都赶路似的竞相开放，小草也绿油油的。兔子奇奇见了，很开心。

夏天，在微风中，在小雨里，大豆在慢慢长大，肚子渐渐鼓起来。小牛哥见了，乐得合不拢嘴。

秋天，风娃娃和小雨点来到了果园里，一次又一次地擦着苹果红彤彤的脸蛋，小雨点轻

轻地洗着苹果脸上的灰尘。公鸡一鸣见了，兴奋得翘起了尾巴。

回到学校，熊猫博士拿出一封封感谢信，有迎春花、桃花和梨花写的，还有大豆、苹果和小草写的。

“老师，好事其实是小雨点做的。”风娃娃谦虚地说。

“你也有贡献。”熊猫博士接着说，“做了好事，大家都不会忘记你的。”

小牛哥、山羊灵灵和兔子奇奇都围过来，与风娃娃一起，你望望我，我望望你，大家都幸福地笑起来。

藏在课本里的秘密

★风与农作物生长★

风不仅能帮助农作物传播花粉、种子，还能改善农田环境，帮助蒸散农田和空气中的二氧化碳，输送氧气，加快交换近地层的热量。但是，风也会传播病菌，还会造成土壤风蚀、沙丘移动等。

熊猫博士悄悄告诉你

★ 风真的有能量吗？ ★

风是大自然赐给人类的绿色能源。我国古代劳动人民，在公元前数世纪就懂得利用风的力量来提水、灌溉、磨面和舂米，转动风车、放飞风筝，还学会了利用风帆来推动船舶的航行。现在，人类最常见的做法是用风力来发电。可见，风的能量还是很大的。

有趣的家庭作业
——《找春天》

《找春天》这篇课文很短小，分别用探出头的小草、早开的野花、解冻的小溪、摇头的风筝、鸣叫的喜鹊、微笑的桃花和杏花等来表明春天的存在。后来，橡树街小学的熊猫博士布置了一次十分有趣的家庭作业，竟然与找春天不谋而合……

今天不用写家庭作业，而且提前放学。嘿嘿，同学们都发自内心地为熊猫博士点赞：“棒极了！”

猜猜看，熊猫博士让大伙儿干什么？到大森林里找春天。太有趣啦，大家都充满了期待。

小牛哥跑到大森林边上的那片果园里，找

呀找，想从颜色上找到春天。

“我就是春天。”桃花笑着说，“春天是粉红色的。”

花

花朵有各种各样的颜色，以牡丹花为例，它有白、黄、粉、红、紫红、紫、墨紫（黑）、雪青（粉蓝）、绿、复色等多种颜色。

“我就是春天。”杏花激动地说，“春天是洁白的。”

“我就是春天。”柳树扭动着腰肢说，“春天是绿色的。”

“我就是春天。”迎春花说，“春天是金黄色的。”

小牛哥一边走，一边看。是啊，春天是粉红色的、洁白的、绿色的、金黄色的……然后，他把眼里的春天告诉熊猫博士。

“好啊，你找到了春天。”熊猫博士表扬了小牛哥。

从此，小牛哥眼里的春天是彩色的。

兔子奇奇来到大森林里的一片草地上，找呀找，想从味道上找到春天。

“我就是春天。”小草说，“春天是草的味道，飘着草香呢。”

“我就是春天。”蝴蝶说，“春天是花的味道，飘着花香呢。”

“我就是春天。”蜜蜂说，“春天是蜜的味道，像我酿出的蜜一样甜。”

兔子奇奇一边走，一边闻。是啊，春天是草香、花香、蜜甜……然后，他把知道的春天味道告诉熊猫博士。

“是啊，春天的味道既芳香又甜蜜。”熊猫博士表扬了兔子奇奇，“你找到了春天。”

从此，在兔子奇奇的心里，春天的味道很

美好。

刺猬球球在大森林里，找呀找，想从声音上找到春天。

“我就是春天。”百灵鸟校长说，“春天

就是我们百灵鸟唱歌的声音，响亮、清脆。”

“我就是春天。”小溪说，“春天就是我们溪水流动的声音，轻松、欢快。”

球球一边走，一边听。是啊，春天就是百灵鸟的歌声、小溪的歌声……然后，他把知道的春天声音告诉熊猫博士。

“嗯，好啊！你也找到了春天，很棒！”熊猫博士表扬了球球。

从此，球球无论走到哪里，都能听懂春天的声音。

藏在课本里的秘密

★春天的气候特点★

在地球的北半球，春天的时间是3月～5月，而在地球的南半球（如澳大利亚），春天的时间则是9月～11月。气象学上，把连续5天平均气温在10℃以上定为春季的开始。在中国内陆大部分地区，春天会有降雨，气候多变，乍暖还寒。但是总体上来说，春天的气候温暖适中，万物生机勃发。

熊猫博士悄悄告诉你

★ 春天有哪些节气？ ★

春天，又称春季，是四季中的第一个季节，春天有立春、雨水、惊蛰、春分、清明、谷雨这六个节气，它是万物复苏的季节。

爱什么就做什么

——《一匹出色的马》

《一匹出色的马》讲的是一个很有趣的小故事，告诉我们一个简单明了的道理——兴趣才是动力之源。想一想：橡树街小学的熊猫博士为了让学生懂得这个道理，会怎么做呢？

又是周末，休息两天！橡树街小学的熊猫博士宣布，这个周末要完成一篇日记：“爱什么就做什么，做什么就写什么，同学们再也不用搜肠刮肚到处找写作素材啦。”大家高兴得差点儿跳起来：“熊猫博士，我爱你！”

小牛哥最喜欢放风筝。放学了，他约刺猬

球球周末去放风筝。可是球球摇头说，他要参加唱歌培训，因为他最爱的还是唱歌。

风筝

我国在春秋时期就发明了风筝，至今已有两千多年，相传墨翟以木头制成木鸟，是风筝的起源。东汉时期，蔡伦改进造纸术后，民间才开始用纸做风筝，称为纸鸢。

小牛哥又约兔子奇奇。

“放风筝多好玩，咱们一起玩。”小牛哥开心地说，“这次你就别去足球培训班了吧，下次我陪你一起去。”

放风筝要有个助手啊，没有助手举着风筝，风筝就飞不起来了，难怪小牛哥到处求人。

“对不起，我还有其他事呢。”兔子奇奇还是拒绝了。

“我陪你吧。”兔子萌萌知道了，自告奋

勇地跑了过来。

小牛哥十分感动。

第二天是个晴天，而且风不大不小，正是放风筝的好日子。小牛哥长得高大，跑得快，托着风筝，兔子萌萌拉着线跑呀跑，风筝顺利飞上了天。

风筝越飞越高，越飞越远，最后兔子萌萌手中的风筝线突然被挣断……

那其他人去做了什么呢？

兔子奇奇和小山羊灵灵结伴去找智慧泉，在大森林里迷了路。

后来，他俩跟着蜜蜂走，找到了养蜂人的蜂房，可是兔子奇奇的懒劲上来了，一步也不想走，恨不得就地卧倒，睡到天亮呢。

蜜蜂

蜜蜂认路的本领很大，阴天也能靠阳光导航，不会迷路。

“兔哥，我来教你一招。你看，前面不是小溪吗？小溪是通到你们家的。我们用芦苇扎一只小船放在小溪里顺流漂动，心儿跟着小船飘，仿佛坐在船上，自然就不觉得累了，像课文里写的那样，让兴趣成为前进的动力。”灵灵虽然胆子很小，办法却很多。

果然，奇奇和灵灵顺着小溪，跟着小船，不知不觉就到家了。

猜猜看，最后他们的日记都写了什么？小牛哥和萌萌的日记如实写来，题目就是《断了线的风筝》，奇奇和灵灵各自写了一篇《森林奇遇记》。大家都受到了熊猫博士的表扬，因为兴趣给了他们写作的动力。

藏在课本里的秘密

★土壤是怎么形成的？★

土壤是在岩石、气候、生物、地形和时间五大因素综合作用下的产物，一块生长着植物的泥土是经历了漫长的地质变化的。首先，要在风化的作用下，把岩石碎化；其次，要有低等生物、微生物形成的有机质的积累；接着，要有高等生物的活动，让那些有机质重新合成腐殖质；最后，要有人类合理的耕作经营，加快土壤的形成。

熊猫博士悄悄告诉你

★人类养蜂历史悠久吗？★

人类利用和饲养蜜蜂的历史非常悠久。西班牙的一座山里有一个洞窟，里面有许多公元前7000年左右的中石器时代壁画，其中有一幅用红石绘制的壁画，反映了当时人类采集蜂蜜的情景。在原始社会，人们猎取野生蜂巢的蜂蜜和蜂蜡，供食用和祭祀用。

遥远又美好的梦想

——《彩色的梦》

《彩色的梦》讲述铅笔盒里彩色的梦，有草坪、野花、天空、森林、太阳、小鸟、水果、溪水……真是一个神奇美妙的大自然！读了这篇课文，橡树街小学的小伙伴们会有什么样的梦想呢？

《彩色的梦》像一首诗，又像一幅画，描绘的意境让熊猫博士十分向往。他想，生命是不能没有梦想的。今天，他就要让大家展开想象的翅膀，说说自己的梦想是什么……

带着美好的愿望，带着课文里描绘的美妙意境，熊猫博士开门见山地提出了这节课的创意：请同学们谈梦想！可以实现的，或者不能实现的、天马行空的梦想都可以谈！

顿时，教室里热闹起来，生命的野性和创造力仿佛在瞬间爆发了出来。

“哈，梦想？太好了。”骄傲的公鸡一鸣第一个发言，“我的梦想是做一名摄影师，拍出留传后世的照片，让作品登上《动物大世界》的封面。”

摄影师

1883年，美国人乔治·伊斯特曼发明了胶卷；1888年，他建立的柯达公司推出第一款盒式自动相机。从此，摄影渐渐成为一种时尚。

公鸡一鸣还说，将来要在动物王国办一次摄影展呢。

嗯，摄影师，这个梦想很美好。熊猫博士在心里想，公鸡一鸣有这种梦想很符合他的特点，平时他就那么爱美，经常到水池边照镜子呢。

不过，兔子奇奇一直认为那是臭美。

“老师，我的梦想是做一名宇航员。”小牛哥激动地说，“我要飞到火星上，探索火星的奥秘。”

“那会遇上火星猪吗？”兔子奇奇还没等小牛哥说完，立即插了一句。

“这个梦想，还很遥远。再说，到火星上能有那么容易吗？”熊猫博士脸上的表情突然严肃起来，“要学习真本领，才能当上动物宇航员呢。下面谁继续发言？”

动物宇航员

鼠、壁虎和蜗牛等动物曾被人类送入外层空间，进行长达一个月的太空飞行，让人类更多地了解太空飞行对生命器官的影响。

“老师，我，我来说说梦想。”小山羊灵灵竖起那对大耳朵，抑扬顿挫地说，“我的梦想是去一望无际的大草原。”

“什么？大草原？”小牛哥和兔子奇奇异口同声地说。

要知道，草也是他俩的最爱。

“像《彩色的梦》里写的那样，大块的草坪绿了，大片的天空蓝了……”灵灵接着说，“那里的草比课文里的更绿，割草机就是面包机，能把割进肚子里的草制造成面包一样的营养品。”

“哇！不叫面包，叫草包！”球球尖着嘴叫起来。

想不到台下爆发了哄笑。

下课的铃声突然丁零零地响起来……

这节课宛如梦境，好开心！

藏在课本里的秘密

★梦的启示★

“日有所思，夜有所梦”。关于梦，尽管还有一些解不开的谜团，但是现代科学已经证明，梦与社会生活环境以及疾病、心理等因素有关。英国剑桥大学曾对许多创造性学者的工作进行了大型调查，结果显示70%的科学家都从梦中得到了一些有益的启示，像德国化学家凯库勒在梦中找到了复杂的化合物——苯的结构式，伏尔泰梦见新的写作手法，创作了史诗《亨利亚德》。

熊猫博士悄悄告诉你

★火星上有火吗？★

火星是离太阳第四近的行星。火星上的大气以二氧化碳为主，既稀薄又寒冷，到处都是撞击坑、峡谷、沙丘和砾石，既没有水，也没有火。可是，人们在视觉上发现，火星是橘红色的，好像有火焰在燃烧。这是为什么呢？原来，火星的地表广泛分布着氧化铁，在人类的肉眼中才会呈现出红色的像火一样的外观呢。

大森林探险记

——《要是你在野外迷了路》

《要是你在野外迷了路》是一首科普儿童诗，分六个小节，按照总—分—总的方式，分别讲述了大自然中的太阳、北极星、大树、积雪等天然指南针。想一想，大自然中还有其他的指南针吗？

一天，晨会课上，熊猫博士问：“我们不是正在学习《要是你在野外迷了路》吗？课文中讲了哪些天然的指南针？”熊猫博士和蔼地望着大家，胖乎乎的脸上，堆满了笑容。

“有太阳。”小牛哥抢着说，“中午的时候它在南边。早晨，它在东边。傍晚，它在西边。”

“还有北极星。它总是在北边。”刺猬球球接着说。

“还有大树、积雪，都能指示方向。”山羊灵灵想了想，认真地说。

大树的叶子南边长得更茂密，山沟里位于北侧的积雪更不容易融化。

“好啦，那我们今天就行动起来，把学到的知识用到实际生活中。”接着，熊猫博士神秘地说，“我相信智慧泉的存在，我们大家都去大森林里找智慧泉，分头行动，千万不能迷了路。”

大家热血沸腾。

哦，小伙伴们带着自己的宝物，奔向了大森林：小牛哥去森林的东边寻找，刺猬球球向西边寻找，公鸡一鸣向北寻找，兔子奇奇向南寻找，山羊灵灵在大本营接听电话，负责与大伙儿联络……

森林探险很刺激。

那么，带上什么宝物出发呢？小牛哥想啊想，要是迷了路，吹响叶笛，伙伴们就能找到他；球球决定带上一只花环，要是迷路了，用花环吸引蜜蜂来带路；兔子奇奇想啊想，想了好长时间，决定还是用最原始的办法，带上指南针。

可是，在大森林寻找智慧泉不是那么简单的事。当太阳从东走到西，天色渐渐暗下来，探险的小牛哥、球球、一鸣、奇奇都没有一点儿消息。

世上有一千种可能，就有一千种意外。

灵灵告诉熊猫博士，在这里等了一天，一个电话也没接到，说明他们没有迷路。

“点燃篝火吧。”熊猫博士也来了，为自己的探险计划捏了一把汗，找到负责联系的灵灵说，“篝火烧起来，他们就会回来。”

篝火

点燃篝火时，除了火光可以指示方向外，篝火燃烧中散发出的袅袅烟雾，升向半空，也能让迷路的人找到方位。

随后，一堆篝火在黑暗的夜色里熊熊燃烧，照得半边天都通亮。

果然，探险的小伙伴都陆陆续续地聚拢到了这里。遗憾的是，他们连智慧泉的影子都没发现，但是他们的大森林探险也有收获：懂得了用这堆篝火来指明方向……

藏在课本里的秘密

★北极星为什么能指示北方？★

明朗的夜晚，我们看到的北极星很亮，它位于地球地轴的北端。由于地球会自转，而北极星处于地球转动的轴上，所以相对其他恒星，北极星是静止不动的，而且在头顶偏北方向，所以我们看到的北极星始终位于北方。

熊猫博士悄悄告诉你

★ 指南针是怎样传到国外的？★

中国人在 2000 多年前发现了磁铁，而后根据磁铁的磁性发明了指南针。宋朝时，有了“指南鱼”。据考证，到 11 世纪末，指南针已经开始用于航海。到了 12 世纪末至 13 世纪初，指南针由海路传入阿拉伯，又由阿拉伯传入了欧洲，推动了欧洲近代航海时代的进程。

（全3册）

中阶

藏在课本里的科学秘密

董淑亮
董　瑶　著

江苏凤凰文艺出版社
JIANGSU PHOENIX LITERATURE AND ART PUBLISHING

主要角色

熊猫博士

小学老师，知识渊博，敢于创新。

兔子奇奇

胆大、好奇，喜欢实践，
理想是成为一名科学家。

兔子萌萌

敏感，自尊心强，爱好书法、绘画。

兔爸

爱劳动，动手能力强，有点固执，
勇于担当，偶尔会偷点小懒。

兔妈

乐观、聪慧，富有激情和创新精神。

山羊灵灵

聪明可爱，有些胆小，有点虚荣心。

刺猬球球

爱捣蛋，贫嘴，自傲，爱给同学起外号。

百灵鸟校长

开明的女校长，干练，爱憎分明。

海豚杰克

来自深海，见多识广，富有同情心。

小牛哥

忠厚，心地善良，不善言谈，乐于助人。

公鸡一鸣

简单、粗暴、骄傲，又仗义正直。

山鹰警长

机智、果断、干练，维护正义。

目录

谁是升旗手

——《大青树下的小学》

《大青树下的小学》这篇课文介绍了汉族、傣族、景颇族、阿昌族和德昂族的小学生一起上课，连山林的猴子、小鸟、松鼠、山狸都赶来看热闹，大家很开心。在奇妙的动物王国里，橡树街小学也开学了，小动物们是不是很高兴，他们会遇到哪些奇妙的事情呢？

秋阳高照，微风送爽，橡树巷子里飘溢着桂花香。这学期，熊猫博士继续担任仙人掌班的语文老师兼班主任，他一早就收到了校长百灵鸟女士的短信——学校计划举行一场别开生面的升旗仪式。瞧！熊猫博士戴着宽边眼镜，那张圆乎乎的脸蛋，更精神、更帅了！

教体育的猴老师也早早收到了校长百灵鸟女士的短信，提前来打扫校园卫生了。他一副猴精的样子，在校园里东看看、西看看，好像在寻找着什么。

仙人掌班的小伙伴们一个也没有少，一个也没有迟到。

“松鼠跳跳，你今天怎么没迟到呢？太阳从西边出来了。”公鸡一鸣支着尖尖的嘴巴说。

“别斗嘴啦！熊猫老师要选升旗手呢！”班长火烈鸟西西跑了过来。

火烈鸟

火烈鸟也称红鹳，性格怯懦，喜欢群栖，爱吃小虾、蛤蜊、昆虫、藻类等。

大家都想当升旗手。熊猫老师请大家推荐

一位，或者毛遂自荐。

有的说，小牛哥形象好、长得帅；有的说，火烈鸟西西唱歌好、长得漂亮；有的说，刺猬球球勇敢、负责任。

当然，也有反对这些提议的。

“老师，我也想当一次升旗手。”松鼠跳跳站起来，鼓足勇气说。

原来，松鼠跳跳知道，要是靠推选，不知道猴年马月才能被选上。

“我反对。”球球尖声叫起来，“他不能当升旗手，他经常迟到，当个‘迟到大王’还差不多。”

“对。经常迟到。”角落里，不知是谁也在应和。

那谁能当升旗手呢？

熊猫老师认为，今天的升旗手应该是灵灵。

没错，是她，胆小得不敢说话的山羊灵灵。

熊猫老师的提议，学生们竟然没一个反对的，看来，平时低调一点，人缘总是好的，更何况长得漂亮呢！

升旗仪式准时举行，校长百灵鸟女士已经早早站到了操场边。可是，歌声响起的时候，旗杆上的滑轮坏了。一个假期不用的滑轮生了锈，刚动几下，就停了，旗子也停在半空中。

大家都傻了，一时不知怎么办才好。

“来，熊猫老师，站到我的背上。”小牛哥立即跑了过去。

顿时，大伙儿醒悟过来。

熊猫老师摘下眼镜，铆足劲儿一下子站到了小牛哥的背上。兔子奇奇又跳到了熊猫老师的背上，公鸡一鸣扑棱着翅膀，站到了奇奇的背上，火烈鸟西西飞到了一鸣的背上，山羊灵灵变成了高高的“塔尖儿”。

嘿，来了一个叠罗汉，终于让山羊灵灵把旗子升到了旗杆的顶部，让它迎风飘扬！

“嘿，关键时刻，还是要看体质的。说明我的体育教得

叠罗汉

古代由多层盘腿而坐的罗汉组成的造型，后逐渐发展演变为多种技巧造型。核心是人上架人，重叠成各种形式。

好。”猴老师不忘替自己美言一下。

“嘿，今天大家都是升旗手！”熊猫老师为大家自豪。

“没错。大家都是升旗手，太棒了。每位旗手都不要忘了给自己点个赞啊！”校长百灵鸟女士说完，露出了笑容，甜美的声音像她的歌声一样好听呢。

藏在课本里的秘密

★民族★

民族是指在一定的历史发展阶段形成的稳定的各种人的共同体，在语言文化等方面有共同特征。不同的民族有不同的风俗习惯，具体表现在各个民族的生产方式、居住、饮食、服饰、婚姻、丧葬、礼仪、禁忌等方面。

熊猫博士悄悄告诉你

★你知道学校的由来吗？★

根据史书记载，早在4000多年前，中国就已经有了学校。夏朝、商朝都有王府开办学校。西周称学校为“辟雍”，是专门为少数奴隶主贵族读书开辟的场所。汉朝的学校分中央和地方两种，中央设太学，是国家最高学府；地方上设置学宫，也称蒙学。明朝称一般的学校为“书院”“书堂”“私塾”等。清末称学校为“学堂”，这时公布了中国第一套正式的小学课程。辛亥革命以后，“学堂”一律改称“学校”并沿用至今。

校园里的特大新闻
——《秋天的雨》

《秋天的雨》像一首散文诗，按照总写、分写、总写的顺序，生动形象地写出了秋雨给人带来的喜悦。可是，事物总有它的两面性。关于秋雨，橡树街小学的男生女生总是有不一样的经历感受……

一场秋雨，一场凉。

淅淅沥沥的秋雨连绵不断，像看不见的空调，把天地间吹得凉气阵阵，树叶黄了，果子熟了……

兔子奇奇一直有早起的习惯，不管什么天

气，刮风下雨也一点不影响他的心情，他照样兴致勃勃地去上学。

刺猬球球对按时到校也是一点儿也不恐惧，他步子快，脚下生风似的，从家门口一直滚到学校。

小蚂蚁丁丁在路上遇上了球球。

“球球，快带我一程。我快要被淋成‘落汤蚁’啦！”丁丁拿着树叶当雨伞刚出门。

落汤蚁

丁丁不想变成“落汤蚁”是因为蚂蚁怕水。水会吸收蚂蚁触角分泌出来的物质，而这种物质是它们用来辨别方向的秘密武器。

“你就不怕我身上的刺把你戳成‘羊肉串’？”刺猬球球和丁丁开了一个玩笑，还是爽快地答应了，“没问题，快上来搭乘‘顺风车’吧！”

随后，丁丁一下子就钻进了刺猬球球短而密的刺缝隙里，瞬间不见了身影。

啊！接下来发生的事情可就有意思了。

早上，校长百灵鸟女士在门口负责学生们的考勤，可就是一直没有见到丁丁的踪影。

直到全校最后一个进门的小朋友和她打了招呼后，校长百灵鸟女士一刻也不能等了，直奔仙人掌班教室。

此时，仙人掌班还正是早自习时间，丁丁

正一本正经地站在讲台上带领同学们朗读课文《秋天的雨》。

大家读后发表感想，十分踊跃，各抒己见。

“秋雨是一把钥匙，打开了秋天的大门。”公鸡一鸣反应快，发言总是第一位。

“秋雨是一盒五彩缤纷的颜料，有紫红的、淡黄的、雪白的……”兔子奇奇把课文中的描写提炼了一下。

“秋雨是小喇叭，吹来了凉气，许多小动物都要忙着过冬。”小牛哥附和道。

看到这个场景，百灵鸟女士瞬间睁大眼睛，张大嘴巴，不敢相信眼前的一切，在得知小蚂蚁丁丁是搭乘刺猬球球的“顺风车”来学校后，立即通过校园广播告知大家：

“小朋友们，早上好！请大家以后乘坐正规交通工具来学校，不要乘坐具有危险性的‘顺

顺风车

这里的“顺风车”指的是顺便捎带，不需要额外付出其他的酬劳，“车主”就是刺猬球球。这与网络上的“顺风车”意思不一样。

风车’，毕竟，如果大家成了‘烤串’，我没有办法和你们的爸爸妈妈交代，谢谢！”

“刺猬球球，广播里说的是你吧！又惹事了吧！就知道你一天到晚没少给仙人掌班惹麻烦！你背的是谁？难道是背着一片树叶来上学的？”熊猫博士气势汹汹地走来，一眼就发现了树叶。

“老师，是我——”丁丁从树叶下探出头来，认真地说。

嘿！小蚂蚁乘坐“顺风车”上学，成了橡树街小学的特大新闻。

当天晚上，刺猬球球背着丁丁穿梭在泥泞道路上的照片，就上了校园电视台的新闻头条。

藏在课本里的秘密

★颜料与染料的区别★

颜料是有色的，一般不溶于水，具有以下特点：色彩鲜艳，能赋予被着色物（或底物）牢固的色泽；不溶于水、有机溶剂或应用介质；耐日晒、耐酸碱，不容易褪色。染料是能将纤维或其他基质染成一定颜色的有机化合物，主要用于纺织物的染色和印花，大多数可以溶于水。两者的区别是，染料的传统用途是对纺织物进行染色，而颜料的传统用途却是对非纺织品（如油墨、油漆、涂料、塑料、橡胶等）进行着色。

熊猫博士悄悄告诉你

★秋天可以播种吗？★

有些植物是不怕霜冻的，在秋天播种后，经历寒冬的考验，第二年春天就会长得很旺盛，如大白菜、大葱等蔬菜，都是冻不死的。粮食作物，如小麦，也是在秋天播种，要经历一个冬天的煎熬，第二年才会有更好的收成。花卉，如矢车菊、满天星、紫罗兰也适合在秋天播种。它们生长期长、十分耐寒，过了冬天就能在第二年春天开出鲜艳的花朵。

橡树街小学的记忆

——《总也倒不了的老屋》

《总也倒不了的老屋》写一百多岁的老屋，每次准备倒下的时候，为了帮助小猫、老母鸡和小蜘蛛总也倒不了的故事。那么，老屋不倒的秘诀是什么呢？橡树街小学又珍藏着怎样一个关于老屋的记忆呢？

橡树街小学的后面，有一座老屋。老屋的后面就是围墙，围墙上爬满了紫藤花，墙上还有老校长题写的“紫藤花下”几个大字。但是，老屋年久失修，现如今很少有人去了，倒显得有一些孤苦伶仃。

最近，传闻老屋要拆迁。这可不得了，一石激起千层浪。要知道，在橡树街小学，老屋像一个神话故事，让仙人掌班的学生们充满了好奇。

有一天熊猫博士悄悄地跑来看老屋，想跟她探讨一下，经风历雨却总是不倒的奥秘。

“我不能倒呀。”老屋没有牙齿，露出黑幽幽的嘴巴说，“我不属于自己。”

“那你属于谁呢？”熊猫博士不解地问。

老屋想了想，慢悠悠地告诉熊猫博士：“还记得课文里写的那只猫吗？她虽然不是我的同族。但是，假如我要是倒了，她就没有了家。秋天来了，冬天不会遥远。只要我这身子骨还在，她就可以倚在我的脚下晒太阳，还有她的孩子，以及孩子的孩子都能晒太阳。”

原来，一年又一年，老屋的心思很简单，

就是想让猫以及她的后代能在这里安家、在墙角晒太阳。

猫为了躲避寒冷，喜欢把身子团成球状，以减少身体热量的散发。

熊猫博士明白了，老屋不倒，是因为老屋心中装着满满的爱。

随后，公鸡一鸣踱着方步，来看老屋，他也想知道老屋不倒的奥秘。

“我不能倒呀。”老屋用黑洞洞的眼睛望着一鸣，深情地说，“这里可是你出生的摇篮，也是母鸡的家、小鸡们的家。鸡妈妈、鸡祖母、鸡祖母的祖母，一代又一代，在这里出生，我希望他们平平安安地长大。我的幸福就是看着他们一个个长大，然后在我身边捉虫子，陪我叽叽喳喳地聊天。”

生活在草丛里的小昆虫，包括小甲虫也是鸡喜欢吃的。

公鸡一鸣明白了，老屋不倒，是因为老屋心中装着满满的希望。

接着，兔子奇奇气喘吁吁地跑来看老屋，原来他也想知道老屋不倒的奥秘。

“我不能倒呀。瞧，这墙上还贴着一张寻狗启事。”老屋那张饱经风霜的脸上，露出了焦虑的神情，“给我看门的小黑狗走丢了。要是有一天他回来，我不在了，那该怎么办？”

果然，泥巴斑驳的墙体上挂着发黄的寻狗启事：小黑狗走丢了，小眼睛、大鼻子，披着一身黑毛，要是有谁发现，请把他送回来，我在等呀等，一直等下去，等着他回来看门、守夜……

兔子奇奇读来读去，终于明白，老屋不倒，是因为老屋心中装着沉甸甸的责任！

“我不能倒呵！我不属于自己。”老屋断断续续地讲述了自己的故事。

原来，老屋喜欢听故事。小蜘蛛们每天晚上都会准时出来讲故事。老屋如果倒下了，谁还会在黑夜里听蜘蛛们讲故事呢？蜘蛛们该多寂寞呀！老屋还说，门前的篱笆墙上，每年春秋都开满鲜花，蝴蝶和蜜蜂每年春秋都约好了，来这里唱歌、跳舞。老屋要是倒下了，谁来欣赏蝴蝶和蜜蜂的歌舞呢？

兔子奇奇一边听，一边想，终于明白老屋不会倒下，也不会老，是因为老屋心中总是装着他人。这些也成了橡树街小学最美好的记忆……

藏在课本里的秘密

★蜘蛛的眼睛★

蜘蛛没有耳朵，视力也比较差。它的脑袋顶上有许多小小的类似透镜的东西，这些就是它的眼睛。蜘蛛的“透镜”可以让它看清光线的明暗变化，但是无法看清楚物体的形状，因此，它的视线是比较模糊的。更有趣的是，不同蜘蛛的眼睛数量不同，排列方式也不一样，比如狼蛛有三排眼睛，第一排一共有四个小眼睛，第二排有两个大大的眼睛，第三排有两个中等大小的眼睛。

熊猫博士悄悄告诉你

★蜘蛛怎样享受美食？★

蜘蛛食性广、食量大，而且不同的蜘蛛有不同的食性。它除了捕食蚊、蝇和其他小飞虫以外，还能捕食稻飞虱、叶蝉等。蜘蛛大都是结网捕食的，但也有到处巡游捕食的。它先是用螯咬住小虫，然后注射毒液（一种消化酶），让小虫麻痹了，最后再慢慢吸食。

小兔子借乐器
——《大自然的声音》

《大自然的声音》告诉我们，风是大自然的音乐家，他会在森林里演奏他的手风琴；水也是大自然的音乐家，从一首山中小曲到海洋大合唱……不一样的季节，有不一样的音乐。那么，风娃娃是不是怀中藏着乐器，兔子奇奇和山羊灵灵为什么借不来他的乐器呢？

兔子奇奇读了《大自然的声音》这篇课文以后，一直在心里暗暗地琢磨着：风呵，不光有手风琴，还有打击乐器，一定还有更多的乐器藏了起来。

于是，兔子奇奇约上山羊灵灵去向风娃娃

借乐器。

风娃娃有一双看不见的脚，走得又轻又快，像一位神秘的隐身人。奇奇和灵灵追呀追，终于在一片松树林追上了他。

奇奇在心里想：一定是风娃娃在演奏他的二胡曲，要不松树林怎么会发出这么奇妙的声乐！

二胡

二胡是我国的传统乐器，有两根弦，主要靠振动琴弦发声。

“嗯，是二胡演奏曲，松树林里涛声阵阵，好像万马奔腾！”灵灵倾心地静听。

“风娃娃，借一把二胡给我们学习一下吧。我们也想演奏。”奇奇鼓足勇气说。

“对不起，我还要参加其他演奏会呢。”风娃娃说完，又悄悄地走开了。

在一座大山的山谷里，奇奇和灵灵再次追上了风娃娃。

“你听，风娃娃好像在吹箫呀。”奇奇激动地说，“我最喜欢箫声。”

箫

箫是一种吹奏乐器，这种乐器的特点是单管、竖吹，俗话说“横吹笛子竖吹箫”。

“嗯，我也喜欢听。”灵灵沉醉其中。

空旷的大山谷，就是一个天然的音箱，风娃娃演奏起来得心应手，那幽幽的箫声，如泣如诉。

“风娃娃，你的长箫可以借给我们学习一下吗？”这一次，灵灵主动开口。

“对不起，我还要参加另一场演奏会呢。”风娃娃又一次拒绝。

后来，奇奇和灵灵追着风娃娃的脚步，又来到了大沙漠，在一个椭圆形的沙丘边上，风娃娃又开始演奏。

“嗯，真好听，像笛子的声音。”奇奇和灵灵想到了一块儿。

是啊，鸣沙的声音既像是笛子的声响，也像一首用铁哨吹出的曲子。

“风娃娃，这个笛子可以借给我们学一学吗？”这一次，他俩异口同声地问。

“对不起，我还有另一场演奏会要参加呢。”风娃娃急呼呼地说。

“哼！太小气了。”灵灵脱口而出。

“真的不能借。这些乐器我都用得上。”风娃娃十分坦诚地说。

哎，从松树林到大山谷，从大山谷再到大沙漠，奇奇和灵灵一路追呀追，跑呀跑，向风娃娃借一件乐器好难呀，总是被拒绝。

奇奇和灵灵失望地往回走，来到了那间“总

也倒不了的老屋”，突然听到了蜘蛛的声音。

“风娃娃，别敲啦，你的打击乐好阴冷。我想早点睡觉。”蜘蛛瑟瑟发抖地说。

哈哈，蜘蛛确实怕冷，想躲在墙角美美地睡一觉，可是风从墙缝里吹进来，沙沙作响，让他瑟瑟发抖。

“风娃娃，别敲啦，你的打击乐有点幽怨，让我这把老骨头听起来很伤感。”老屋说话了。

奇奇和灵灵想不到在老屋这儿能遇上风娃娃，听到了蜘蛛和老屋的抱怨声，他们突然明白，风娃娃的乐器要是用错了地方、弹错了曲子，会带给大家不快和烦恼呢。从此，兔子奇奇和山羊灵灵再也不向风娃娃借乐器了。

藏在课本里的秘密

★风与风化★

空气流动形成了风。风在流动的过程中，遇到不同的障碍物，如树林、建筑物等，发出的声响就不同。风有帮助植物传播花粉、促进冷热空气交换流动等作用，其对大自然影响最大的作用，就是风化。由于受水、大气、气温或动植物的影响，岩石在长期风吹、日晒、雨淋的作用下失去原有的强度或硬度，这种现象就叫风化。大自然中风化的影响无处不在。裸露的岩石只需几年便因风化而变得疏松，雕刻在洞穴或石窟里的画像，如著名的云岗石窟、敦煌石窟等的浮雕或石雕，也因风化而逐渐斑驳。

熊猫博士悄悄告诉你

★笛子是一种什么样的乐器？★

笛子是一种古老的乐器，是汉族乐器中最具代表性、最有民族特色的吹奏乐器之一。中国传统乐器中常用的横吹木管乐器之一的中国竹笛，一般分为南方的曲笛、北方的梆笛和介于两者之间的中音笛。

一段不了情

——《荷花》

《荷花》这篇课文介绍了荷花池里的荷叶像一个个碧绿的大圆盘，白荷花在这些大圆盘之间冒出来，有的才展开两三片花瓣儿，有的花瓣儿全都展开了……荷花是多么美丽！熊猫博士在讲授《荷花》这篇课文时，匠心独运，把课堂搬到了荷花池的边上……

在荷花池边上讲课，这本身就能满足大家的好奇心！可是，每位同学都要按照熊猫博士的要求讲一个故事，还是有点难度的。大家沉默着，一时想不出什么头绪来。只听到荷花在池塘里，在微风中，发出阵阵呓语。

“讲不出一段故事，就讲几句，只要与荷花有关就行啦！”熊猫博士在耐心地引导大家。

片刻，小牛哥打破了沉默。

“老师，我爱好摄影，我曾到池塘边拍照，拍了许多荷花的照片，为荷花留下了美妙时光。”小牛哥讲的是为荷花拍照的事儿。

原来，小牛哥拍照很讲究光线的强度。有的是在早晨太阳刚刚露出小半边时，有的是在傍晚彩霞快要散尽，天边还留着一抹残痕时。在这样的光线下，荷花的风姿会更加绰约。

太阳

在我们的世界里，最大的光源就是太阳。尽管太阳离我们很远，但因为其能量巨大，依然能持续为地球提供最强的光源。

“嗯，挺好。仔细地观赏照片里的荷花，与池中的荷花对比，很棒！”熊猫博士表扬了小牛哥。

“嗯，谢谢你为我留下美好的照片。”池塘里的荷花突然说话。

大家的脸上都露出开心的笑：熊猫博士的课堂，荷花也喜欢呢。

小牛哥打开了大家的话匣子。

公鸡一鸣说，他喜欢早晨来这里唱歌给荷花，还有荷叶下的小鱼小虾听，甚至有蜻蜓早早停泊在荷叶上等着他的演唱会。

兔子奇奇说，他喜欢来池塘边画荷花。有一次，他一边看池里的荷花，一边欣赏画上的荷花。哈哈，直到掉进池塘里，淋了个透，才回过神来，连滚带爬地上了岸。

大家都笑得合不拢嘴。

熊猫博士笑得总是那么优雅："这些故事里都有荷花呀！"

满池的荷花也笑了，在风中，笑得东倒西歪。

"丁丁，你怎么没讲呢？"熊猫博士微笑着问。

“我一讲就是一大串呀。”小蚂蚁丁丁想了想说。

“好的。没问题。”熊猫博士的脸上，总是挂着一副悠然的微笑。

然后，丁丁讲了他与荷花的一段奇遇：“有一天，我乘坐一片羽毛，飞呀飞，竟然飞到一朵荷花上。我嗅了嗅，好香，于是，我离开那片羽毛，在荷花上缓行。后来，我爬到了荷叶上，可是，荷叶太滑，就像一架滑滑梯，爬呀爬，滑呀滑，最后，我竟然滑到了荷茎上。”

荷茎

荷花依靠它的茎来支撑，虽然每一根荷花茎都是中空的圆柱体，但可以产生强大的支持力。

“嘿，那会不会掉进水里呢？”熊猫博士紧张地问。

“荷茎上长满了刺。我紧紧地抓住荷茎，一动也不敢动。”丁丁紧张地说。

“最后呢？”连熊猫博士也焦虑起来。

丁丁紧张地告诉大家：“暴风雨眼看就要来了，这时候，胡萝卜先生的长胡子飘过这里。我立即紧紧地抓住长胡子，随着长胡子飘呀飘，在长胡子上紧张地走呀走，直到走出池塘，才安心地离开。”

“那一天，你抱着我的茎，摇呀摇，可我并不知道是你呢。”荷花抱歉地对丁丁说。

“那也好，这段经历让你与荷花互相了解。‘不打不相识’嘛。”熊猫博士笑着说。

丁丁的历险记，让他与荷花结下了一段情谊。

快下课的时候，熊猫博士做了总结：仙人掌班的学生，个个都与荷花结下过一段不了情呢。

藏在课本里的秘密

★荷花的“家史”★

荷是被子植物中起源最早的植物之一。在人类出现以前，地球大部分被海洋、湖泊及沼泽覆盖。当时，气候恶劣，灾害频繁，大部分种子植物无法生存，只有少数生命力极强的种子植物生长在这个贫瘠的地球上。其中，就有荷花这种水生植物。20世纪70年代，我国考古专家在柴达木盆地发现了荷叶化石，至少有1000万年的历史。1973年在浙江余姚县出土的距今7000年的河姆渡文化遗址文物中，发现有荷花的花粉化石，可见其历史悠久。中国是世界上栽培荷花最多的国家之一。

熊猫博士悄悄告诉你

★荷叶为什么不沾水？★

即使经历一场倾盆大雨，荷叶上也不会有水珠停留，只要风一吹，荷叶上就会干干净净，一滴水也不留下，而且叶面很洁净，连灰尘都被洗得荡然无存。那么，荷叶为什么会有这种奇特的自洁本领呢？科学家在显微镜下发现，原来荷叶面上有许多非常短小的钝刺和蜡质凸起物，雨水落在上面，铺不开、渗不进，只能化作粒粒水珠滚落下来，顺道儿带走了荷叶表面的灰尘，使叶面始终一尘不染。荷叶上这种肉眼看不见的微结构能够排斥水分子，科学家称这种特性为“憎水性”。

不可思议的奇遇
——《纸的发明》

《纸的发明》这篇课文介绍了我国造纸术的发明。在课后的“资料袋”里，我们还知道了书写纸、复印纸、包装纸、餐巾纸等的相关知识。有趣的是，一个纸团竟然有一段不可思议的奇遇……

兔子奇奇有个坏习惯，写作业时，写错了字或墨水弄脏了纸，便“哗啦”一下把整张纸都撕下来，一搓、一揉，再扔进纸篓里。夜深人静，那些废弃的纸团们便窃窃私语起来。

“想不到会这么糟糕，”一个大纸团悲观

地说，“我从造纸厂出来，原本想绘出最美的画，写出最美的字，却变成了一团无用的废纸，惨啦！”

“老兄，成了垃圾也好，说不定哪一天，又变成一张纸！”一个小纸团倒挺乐观，“纸族不就是这么轮回的吗！”

话音刚落，独眼鼠盖达突然窜进来，叼起小纸团就跑。顿时，纸团们吓得瑟瑟作响，一片惊慌……

回到鼠洞，独眼鼠盖达放下小纸团，一群小老鼠便蜂拥而来。

“别动，我不是肉团，我是一张神奇的纸。”小纸团急中生智，镇定地说，“你们还见过不怕火的纸吗？有一种纸是可以放在火炉上做饭的，像铁锅一样。这样的纸你们要是吃进肚子里，难道不怕胀死？”

“是啊，胀死太可怕了。”鼠大惊恐地说，“你，你一定是‘纸怪’！”

“不要相信他的鬼话，先吃了再说。”鼠二胆子很大。

“你们真的想吃掉我吗？”接着，小纸团话锋一转说，“我真是一个没有任何味道的纸，小心中毒哦！”

“这……这……”鼠妈思索起来，半晌，斩钉截铁地说，“送他回去，别伤了我们的胃！”

随后，独眼鼠盖达又把小纸团送回了纸篓，这一切，奇奇毫无察觉。

又过了一段时间，一阵风把一张闪着亮光的糖果纸吹起来。糖果纸轻轻地飘呀飘，不经意间落到了学校的墙角。嘿，小蚂蚁丁丁像发现了新大陆似的，兴奋地跑过来。

“嘿，多么精致的花车！”丁丁激动地说。

“你真没见过世面，我可是世界上最伟大的纸啊！”这时，糖果纸说话了。

“最伟大的纸？打死我也不信。”丁丁摇着头上的触须认真地说，“来，跟着我走，我让你开开眼界，什么是纸的王国。”

随后，丁丁请兔子奇奇帮忙，把糖果纸请

到了纸品博物馆。

“这是蜡光纸，颜色鲜艳，上面还有各式各样美丽的图案和花纹。”丁丁边走边说。

“没什么了不起。告诉你们吧，我的真名叫玻璃纸，可是大名鼎鼎的。”糖果纸更加得意起来。

玻璃纸

玻璃纸是一种以棉浆、木浆等天然纤维为原料，用胶黏法制成的薄膜状制品。它透明、无毒无味。空气、油、细菌和水都不易透过玻璃纸，所以它可作为食品包装纸使用。

奇奇背着糖果纸继续向前走。

“这是闻名世界的宣纸，和你一样，也能够防虫、防细菌。”丁丁停了停说。

宣纸

宣纸是安徽省宣城市泾县的特产，自古有“纸中之王、千年寿纸”的誉称。它的润墨性好，纹理纯净，耐老化，不易变色。十分适合作画与书写。

“哈哈！我们玻璃纸家族不透气、不透油，既美观，又实用。人类经常用我们来包裹香烟、药品、糖果，可是，宣纸除了写字，还有什么能耐呢？”

糖果纸一席话，弄得丁丁和奇奇哑口无言，只得把这张“最伟大的纸”又拉了回来，放回原处。

几天后，丁丁无意间发现糖果纸被小牛哥夹在一本字典里，老老实实地待在了书桌上。糖果纸这才结束了它那不可思议的奇遇……

藏在课本里的秘密

★外国的造纸技术★

纸是人类文明和文化科学得以记载、积累、传输和发展的物质基础。世界各国都十分重视造纸技术的研究与开发。1779年，法国的尼古拉斯·路易·罗伯特发明了一台造纸机并取得了专利，使纸张开始了大量生产。

熊猫博士悄悄告诉你

★你知道电子书吗？★

20世纪80年代初，被称为“光盘”的激光电子书问世。这种特殊的书，通过激光技术把图像、文字和声音录到光盘里去。每张光盘可收录15万页的印刷资料，相当于32开本、每册600页的图书250册。

一束不该送的鲜花

——《蜜蜂》

《蜜蜂》介绍了一个有趣的科学实验：在一个陌生的环境里，逆风飞行的20只蜜蜂中，有15只没有迷失方向，准确无误地回到了家。后来，小牛哥给大眼睛蜜蜂“舞蹈之王”送去了什么花？为什么被拒绝了呢？

在大自然中的昆虫家族里，蜜蜂无疑是一种可爱的小精灵，能歌善舞。

橡树街小学要办一场歌舞晚会，熊猫博士决定邀请有着“舞蹈之王”之称的大眼睛蜜蜂来表演舞蹈。跳舞是大眼睛蜜蜂的拿手戏。熊猫博士对这场晚会十分期待，特意安排兔子奇奇做了一张精致的请柬，让勤快的小牛哥给大眼睛蜜蜂送去。

蜜蜂

采花酿蜜的是工蜂，而工蜂是一种缺乏生殖能力的雌性蜜蜂，在蜂群的雌性蜜蜂中，仅有蜂后拥有生殖能力。

蜜蜂的家在一片大森林的角落里，那里有它的蜂房。大眼睛蜜蜂就住在那儿，可是，她接到请柬看了看，并没有答应。

蜂房

蜂房是蜂巢的内部结构，由紧密排列的六角柱体蜂室所组成，这种六角形所排列而成的结构叫作蜂窝结构。

“对不起，明天有小雨。”大眼睛蜜蜂接着说，“雨水会打湿我的翅膀，我飞不了那么远的路。”

大眼睛蜜蜂担心这时自己回不了家。

“那我为您打伞呀。”小牛哥真诚地说，“有了伞，就不怕雨淋了。结束后，我再把您送回来。”

小牛哥其实也想欣赏蜜蜂的舞蹈。

“晚上表演舞蹈，第二天还要采花酿蜜，太累了，会影响我的体力。”大眼睛蜜蜂还是委婉地拒绝了。

小牛哥没招，只好拿着请柬闷闷不乐地回到学校。

“奇奇，你制作的请柬还给你，那位大眼睛蜜蜂不答应。”小牛哥沮丧地说，“她是舞蹈之王，名气大、架子也大啊！”

“这还不简单，晚会结束后，我们送些花给她啊！”奇奇灵机一动，想出了好办法。

小牛哥连连点头，又飞奔着去请大眼睛蜜蜂。

“蜜蜂小姐，晚会结束后，我送些花给你。第二天，你就不用到处找花酿蜜啦。”小牛哥气喘吁吁地说，“嘿，可以在家睡一天懒觉呢。”

“去吧，参加晚会表演，也是展示我们蜜

蜂家族的舞蹈。”蜂王也劝说起来，“而且这是熊猫博士亲自邀请的，小牛哥又跑了两趟，盛情难却呀！”

大眼睛蜜蜂终于答应了。

第二天晚上，橡树街小学的晚会如期举行。山羊灵灵表演杂技走钢丝，公鸡一鸣当然表演男高音，刺猬球球玩的是拱球。晚会最精彩的自然是大眼睛蜜蜂的舞蹈。

她那薄如丝绸的翅膀轻轻舞动，时而跳八字形摆尾舞，时而跳圆圈舞，内涵丰富的舞蹈语言引来了观众们的一片喝彩声……

晚会结束后，小牛哥送蜜蜂回家，并送上了事先准备好的荷花。

“荷花出淤泥而不染，非常漂亮，代表着纯洁和高尚，但是荷花本身是没有蜜腺的，只有花粉，所以我们没办法采蜜。”蜂王停了停说，

舞蹈语言

蜜蜂的舞蹈语言可以传递各种各样的信息，最常见的两种不同的舞蹈形式是圆形舞和摆尾舞。圆形舞是工蜂在一块区域内旋转，舞蹈的方向代表食物来源与太阳的位置关系。而摆尾舞则比圆舞更复杂，它要完成一个八字形的路线，从舞蹈的摆动频率和舞蹈的持续时间中，可以读取到食物来源的距离和方向。

“靠这些荷花，我们怕是会被饿死的。”

“对不起，我不该送这些荷花。我现在才知道，不是所有的鲜花都能采出蜜的，”小牛哥很尴尬，连声说，“我不是故意糊弄你们的，都是我的无知惹的祸。”

藏在课本里的秘密

★昆虫与偏振光★

太阳的偏振光，是指只限于某个方向上振动，或某个方向的振动占有优势的光。太阳本身没有偏振光，可是当它从几万米的高空射下来的时候，难免要遇上大气分子或尘埃等颗粒的散射，这就成了人类的肉眼所看不见的偏振光了，而且人类根本觉察不到它的存在。自然界中的许多昆虫，比如蚂蚁、蜜蜂、甲虫、水蚤等都能看到太阳的偏振光，即使在阴云密布的日子，也能“看”到偏振光，并利用它来导航。

熊猫博士悄悄告诉你

★为什么说蜜蜂酿蜜很辛苦？★

据昆虫学家研究，一只蜜蜂一次可采 40 毫克－60 毫克花粉。要酿 1 千克蜜，蜜蜂就需要往返几万次，而且要采几百万至一千多万朵鲜花。可见，蜜蜂酿蜜十分辛苦。

小蘑菇想穿花衣裳

——《我们奇妙的世界》

《我们奇妙的世界》这篇课文告诉我们，天空和大地都有珍藏，“极小的一粒种子种到地里，生根、发芽，不久就开花了，花很漂亮”。那么，奇妙的大自然中，小蘑菇能不能穿上花衣裳呢？

植物妈妈住在植物园，穿着绿裙子，扎着花头巾。

有一天，一群爱美的小蘑菇委托兔子奇奇送一封信给植物妈妈。哎，小蘑菇们没长腿呀，它们跑不动。兔子奇奇在心里这么一想，便乐意帮这个忙，亲手把信交给了植物妈妈。

尊敬的植物妈妈：

美丽的春天又来了，桃树、梨树、柳树，还有各种各样的花草，都穿上了五颜六色的花衣服，可是，我们这些可怜的小蘑菇，一年四季永远是素衣服……植物妈妈，我们也想穿一件花衣裳！

一群爱美的小蘑菇

植物妈妈读完兔子奇奇送来的信，心中久久不能平静。是啊，每年春天，孩子们都穿得五彩缤纷，美丽极了，可小蘑菇总是穿不上一件花衣裳。是不是春风这位裁剪大师忘了他们？

带着满腹的疑问，植物妈妈走出了连绵起伏的大山，跟着兔子奇奇一起，准备亲眼看一看那群写信的小蘑菇。

遗憾的是，奇奇拿了信以后，竟然忘了小

蘑菇住在哪儿。

奇奇陪植物妈妈来到了果园。这里春风拂面，桃树戴着一顶顶红艳艳的小帽子，路旁的垂柳围着鲜艳的绿丝巾，向植物妈妈撒娇似的点头、微笑，就是不见小蘑菇的身影。

植物妈妈跟着奇奇又走过金黄的油菜田，走过小麦地，最后来到了一座绿色葱郁的农家小院。

“这院子里，有没有叫蘑菇的孩子？”

蘑菇

蘑菇喜欢生长在阴暗、潮湿的环境里，特别是山洞、地窖、地下室等地，冬暖夏凉，非常适合它们生长。

“没有。”高高的泡桐树摇着淡紫色的花冠说，“你是找蘑菇吗？我知道的，那些小蘑菇呀，喜欢住在山洞里呢！”

“对，植物妈妈，前面的大山洞里就有许许多多蘑菇。”树上的喜鹊接过了话茬。

“哦，想起来了，我来给您带路。”这时，奇奇终于想起来了，便立即跑在前面，为植物妈妈带路。

涧水悠悠，山路弯弯。植物妈妈跟着奇奇来到了山洞里。

“小蘑菇们，植物妈妈来看你们啦！”奇奇激动地说。

小蘑菇们一听，伸出白胖胖的小手鼓起了掌。

植物妈妈细细地端详着他们，轻轻地抚摸着他们，一句句地向孩子们讲述读信的感受，以及寻找他们的历程。最后，她为难地告诉他们：你们这群小蘑菇不是我的孩子，是真菌妈妈的孩子！

“植物妈妈，不是您的孩子就不能穿花衣裳了吗？把我们带出山洞吧，只要见到阳光，

真菌

蘑菇是真菌的一类。大部分蘑菇可以作为食品和药品，但毒蘑菇会对人体造成危害。

总能像花朵那样红，像小草那样绿！”小蘑菇们齐声说。

“傻孩子，穿什么样的衣裳，与走出山洞没有直接的关系，也不是所有的小蘑菇都是穿白衣裳的。小蘑菇们穿什么衣裳，与生活的土壤环境、蘑菇的品种等有关系。有的小蘑菇像一把把伞插在地上，伞盖儿就是白、黄、褐、灰、红、绿、紫等颜色，像穿着节日的盛装一样！”

即使有阳光照射到山洞里，蘑菇没有光合作用的能力，也不会变成五颜六色。

植物妈妈接着说，“你们生活在这座山洞里的小蘑菇，虽然穿不上花衣裳，但是这没关系，你们白白胖胖，健健康康，依然是大自然中一道亮丽的风景！”

植物妈妈的一席话，像一支歌，像一首诗，让这群特殊的孩子沉醉在无边的幸福中！

兔子奇奇听了，也十分惊喜，想不到小蘑菇跟课文《我们奇妙的世界》中写的不一样，但也一样奇妙、精彩！

藏在课本里的秘密

★植物的种子★

植物的种子最大的作用是繁殖，为植物“传宗接代”。植物种子的萌芽，需要温度、空气和水。当种子吸足水分以后，体积会膨胀几倍，膨胀过程还将产生很大的力量。有趣的是，植物种子的寿命各不相同。梭梭树的种子只能活几个小时，橡胶树的种子能活一周，而莲子竟然能活几百年，甚至上千年。

熊猫博士悄悄告诉你

★真菌与植物有什么区别？★

蘑菇属于真菌，真菌和植物最明显的区别之一就是营养的获取方式不同。植物可以进行光合作用，在阳光的照射下，利用水和空气中的二氧化碳制造出生命活动所需要的营养，而蘑菇之类的真菌吸收营养依靠的是菌丝，菌丝能从环境中吸收糖类、矿物质、维生素等营养物质。

星星也会掉下来
——《繁星》

《繁星》是著名作家冰心的名作，赢得了无数小读者的喜爱。课文里讲，“我最爱看天上密密麻麻的星星”“船在动，星也在动”……想一想，星星真的在动吗？星星会不会掉下来呢？

晴朗的夜晚，天空没有云朵，也没有风。这是观察星象的好时间。兔爸兔妈带着兔子奇奇登上天文台，走进星象观察室，站在天文望远镜前，准备观察星象。

天文望远镜

17世纪，意大利科学家伽利略发明了天文望远镜。通过天文望远镜，我们才发现那雪亮的银河其实是由无数颗星星组成的，而其中有许许多多颗恒星。

“咦，一颗星星掉下来了。”兔爸惊骇起来，低声说，“你们快来看，星星划出一条闪亮的光，拖着金尾巴，一直往下坠落。”

兔妈和兔子奇奇立即把头凑了过来，还没来得及用眼睛观察，兔爸就连连摆手，说：“完了，完了，好像一头栽进了大海里。”

兔爸一家连忙跑出观察室。

“小麻雀，麻烦你去看看，有没有星星掉进大海里？”兔妈灵机一动。

“有的，这种现象经常有，而且落进大海里的星星，都变成海星了。”麻雀一本正经地回答。它的回答惹得兔子一家大笑起来。

“有的不一定落在大海里。”兔子奇奇想了想，竖起大耳朵，认真地说，“我知道，有的星星会掉到极地，如南极，那些大坑，就是星星砸下来形成的。”

在各种陨石中，南极陨石在地球上年龄最长、保持原状最好、类型最多、储存量最大，具有很高的研究价值。1912年，澳大利亚南极探险队在南极发现了第一颗陨石。

哦，星星真的会掉下来。

“如果星星掉下来，毁坏房屋，砸伤我们可怎么办？”兔子一家向熊猫博士诉说了心里的担忧。

“据我所知，人类正在探索防止小行星坠落的方法。”熊猫博士安慰他们，随后又带着学生们去收集相关情报。

小牛哥跑到大山里，发现人类正在研究怎样用核弹击毁小行星……

刺猬球球跑到了大沙漠里，那里有座航天

城，专家们建议使用航天飞机利用化学反应来制造“气囊”，应对直径在10千米以内小星体的袭击……

兔子一家长长地舒了一口气，如释重负，只要是人类关注的问题，总会有办法解决的。

后来，兔子一家，还会隔三岔五地走进天文台，借助天文望远镜观察星象，发现有星星落下来，也不再大惊小怪。天空的星星就像大地上的花草一样，有时荣，有时谢……

藏在课本里的秘密

★星星去哪里了★

在茫茫的宇宙海洋中，千姿百态的“岛屿”，星罗棋布，上面有无数颗恒星和各种天体，天文学上将之称为星系。我们居住的地球就在一个巨大的星系——银河系之中。一颗星星也看不到，而在深夜却可以轻松地看到牛郎星、织女星、北斗星，这是为什么呢？因为白天太阳把天空照得十分明亮，我们就看不出星星来了。只有当天空比较暗的时候，如夜晚、黎明或日食时，我们才可以用肉眼看见星星。

熊猫博士悄悄告诉你

★小行星会撞击地球吗？★

会的。现在地球上有 100 多个大型撞击坑，这是地球多次被小行星撞击留下的痕迹。一些天文学家不止一次预测小行星撞上地球，而且预测的撞击年份距今一次比一次近，如公元 2880 年、2071 年……因此，“预防小行星撞击地球”成为太空探索中全球关注的热门话题之一。

没有火焰的炉子

——《普罗米修斯》

《普罗米修斯》，写地球上本来没有火，只有无边的黑暗，是天神普罗米修斯用茴香树的枝条，从太阳车上盗取了火种。火，最常见的功能就是把食物烧熟。可是，如果炉子里没有火会怎么样呢？世界上有这样奇特的炉子吗？

一盏橘黄色的灯，点亮了农家小院的夜。潜伏在墙角的独眼鼠，窥视着灶台上那盘蒸鸡蛋，眼睛里写满了饥饿、贪婪和挣扎……

“咦，这是什么新家伙？几分钟就把一碗鸡蛋蒸熟了，还发出诱人的香味儿，竟然还没有一丝火焰，真是太神奇了！”独眼鼠简直不敢相信眼前的这一幕，他惊呆了！

在独眼鼠的记忆里，这家做饭的炉子，不论是烧柴的，还是烧煤的，都会有不断跳跃的红通通的火苗，即使是最先进的燃气灶，也会烧出蓝色的火焰，天下哪有不见火苗就把饭菜做好的炉子呢！

燃气灶

燃气灶是指用液化石油气（液态）、人工煤气、天然气等气体燃料直接进行点火加热的厨房用具。

带着满腹惊疑，独眼鼠悄悄地溜出院子。

天上没有月亮，只有几颗星星在头顶闪烁。大森林里倒是很热闹，像开音乐会一样，各种虫子在叽叽咕咕地浅吟低唱。一些喜欢在夜间值班的鸟儿，嗖的一声，从这棵树飞到另一棵树高高的枝头上。在林间小路，独眼鼠遇见了兔子奇奇。

“奇奇，我看见人类又发明了一种做饭的新武器！”独眼鼠上气不接下气地说，“做饭不点火、不冒烟！”

“是吗？人类是世界上最聪明的物种，现在都能制造出智能机器人，帮助人类做饭呢。”兔子奇奇倒是一脸平静。

“哎，那有什么大惊小怪的。一定是电炉。烧电的炉子就是看不见火苗的。”想不到兔爸

电炉

电炉是把炉内的电能转化为热量，进行加热的加热炉。与燃气灶相比，电炉更加环保、节能。

在一旁，一本正经地说，“你能不能带我们去看个究竟？”

兔爸平时就喜欢搞些小发明，动手实践能力很强，知道的新鲜事儿也特别多。当然，兔爸讲得没错，电炉是没有火焰的。烧水的电茶壶、做饭的电饭煲，用的都是电，不要说看不见火焰了，电流也看不见。

独眼鼠满口答应。

夜色里，独眼鼠带着兔家父子七拐八绕，钻出大森林，来到了山脚下的那个农家小院。这一次，房子主人在那没有火焰的炉子上烤的是香肠，也是眨眼的工夫，端出来的香肠就香气缭绕……

“嗯，确实没有火焰。”夜色里，兔爸那双眼睛睁得又大又亮，紧张得连声说，“不是电炉，不是电炉！”

“快跑，既然看不见火焰，那只能是烧着你的皮肉才会知道疼的！”兔子奇奇拽了一下独眼鼠的尾巴，提醒他逃命。

漆黑的夜幕下，独眼鼠、兔爸和兔子奇奇飞速逃离了现场。

几天后，兔子奇奇把这次见闻在小牛哥、刺猬球球等好朋友中传开了，一传十，十传百，大家都知道山脚下那个农家小院里，有一种不见火焰的炉子。可是，熊猫博士知道了，笑着告诉大家，这种没有火焰的炉子叫微波炉。还有更先进的智能微波炉，炒菜、做饭都可以预先设制，通过定时开关、提前预约，再也不用像课文《普罗米修斯》里描写的那样，需要去太阳车上盗取火种了……

藏在课本里的秘密

★人类与火★

人类与火的结缘历史并不长。虽然大自然中早就存在火的燃烧现象（所谓的“天火”），如闪电点着了树木，只不过人类不是取火，而是像寻找宝石一样寻火。据考古学家研究发现，从100多万年前的元谋人，到50万年前的北京人，都曾留下用火的痕迹。可见，人类对火的认识、掌握、使用，也仅仅有百万年的历史。

熊猫博士悄悄告诉你

★微波炉是谁发明的？★

微波是一种电磁波，可以用来加热。当微波被食物吸收时，食物内的水、脂肪、蛋白质、糖等分子就会被吸附，以每秒钟24亿5千万次的速度快速地振动，正是这种振动产生了巨大的热量，迅速加热食物……1945年，美国工程师珀西·勒巴朗·斯本塞发现了微波的热效应；1947年，美国雷声公司研制了世界上第一台微波炉。

小兔子卖鞋记
——《蟋蟀的住宅》

学习《蟋蟀的住宅》以后，兔子奇奇在心里想，比起我们，蟋蟀的脚的力气那么小，竟然有能耐做出那么大的工程，如果他穿上好鞋子，一定会更厉害吧！于是，奇奇想到了卖鞋赚钱……结果怎么样呢？

熊猫博士讲解《蟋蟀的住宅》这篇课文以后，听课的鸬鹚校长以及仙人掌班的伙伴们都认为，蟋蟀“用钳子搬掉较大的土块”“用强有力的后足踏地”……好厉害！

“我要是能有这双挖掘泥土的脚，那该多

好，每天就可以从泥土中找到更多的虫子作为佳肴呢。”公鸡一鸣昂着骄傲的头，好像蟋蟀那四只铲子一样的脚，已经长到了他的脚上。

“哎，真笨，长这种脚好是好，可是还要自己找食吃，远不如做生意挣钱好。有了钱，想穿什么鞋子，那都是小菜一碟。”兔子奇奇对公鸡一鸣说。

“做什么生意？”公鸡一鸣脑子简单，一听就好奇地问起来，“能带着我一起做吗？下课了，就去挣外快。是不是这样？”

“是的。卖一种高科技的鞋子，一定会财源滚滚。”兔子奇奇对公鸡一鸣得意地说，“好，咱俩一起去卖鞋吧！”

“哦，原来是飞鞋。一边走，一边发电，蓄足了电，动力增强，甚至还能飞起来，太棒了。”公鸡一鸣更是深信不疑，他那双黑而亮的小眼睛里闪着激动的光芒。

穿过一片草地，越过一条小溪，兔子奇奇和公鸡一鸣来到了一片密林里。

“穿飞鞋？我的脚非常适合攀登，能爬到很高的树上。”树袋熊伸了伸懒腰说，“我不想在地上跑。”

树袋熊

树袋熊又称考拉，考拉的英文名叫Koala bear，来源于古代的土著文字，意思是“不喝水的熊”，因为人们很少看到考拉喝水，认为树袋熊能从它们取食的桉树叶中获得所需的90%的水分，所以它们只在生病和干旱的时候喝水。

“噢，原来是这样。”奇奇惊讶起来，想不到吃了个闭门羹。

奇奇并不灰心，拉上公鸡一鸣摆起了地摊。

食蚁兽好奇地走过来。

食蚁兽

食蚁兽能用爪子很快刨开蚁巢，在条件允许的情况下，一只食蚁兽一天就能舔食几万只蚂蚁。嘿，它也称得上是“大胃王”！

“我的脚简直像手一样灵巧呀。穿上你的鞋子，我还能方便捕捉食物吗？”食蚁兽得意地抬了抬他的脚。

“那请教你，谁会喜欢飞鞋呢？”这一次，兔子奇奇改变了营销策略。

食蚁兽想了想告诉他：“这么好的鞋子，最好是卖给像小马哥那样要跑路的家伙。”

兔子奇奇恍然大悟。

遗憾的是，小马哥对飞鞋并没有动心。他说：“我长大了，要穿铁鞋，奔跑起来才不会伤脚。”

至于刺猬球球、蚂蚁丁丁等围观的同学，都是来看热闹的，一个硬币也不愿意掏。

“每种动物的脚都不一样，鞋子好不好，只有脚知道。”熊猫博士知道了兔子奇奇和公鸡一鸣卖鞋的事情以后，语重心长地说，“把课文多读几遍，你们就会明白脚是用来做实事的。”

是啊，《蟋蟀的住宅》有这么一段话：“它用前足扒土，还用钳子似的大颚搬掉较大的土块。它用强有力的后足踏地。后腿上有两排锯，用它们将泥土推到后面，倾斜地铺开。”

瞧，这就是脚的魅力，跟穿什么鞋子其实没有太大的关系。

从此以后，兔子奇奇再也没有动过卖鞋子的念头了。

藏在课本里的秘密

★爱“唱歌”的蟋蟀★

“唱歌”的蟋蟀都是雄性，而且它们能通过不同的音调、频率表达不同的意思，比如响亮的慢节奏的鸣声，既是警告别的同性：“这是我的领地，你别侵入！”又是招呼异性：“我在这儿，快来吧！”蟋蟀优美动听的歌声并不是发自它的嗓子，而是它的翅膀。蟋蟀右边的翅膀上，有一个像锉一样的短刺，左边的翅膀上有像刀一样的硬棘，左右两翅一张一合，相互摩擦，振动翅膀，就可以发出悦耳的歌声。

熊猫博士悄悄告诉你

★你知道食蚁兽名字的来历吗？★

蚂蚁的体内含有丰富的蛋白质，特别有营养，是食蚁兽的美餐，人们就给食蚁兽起了一个这么贴切的名字。食蚁兽有四根长而弯曲的爪子，既有力又灵巧，能很快挖出洞穴中的蚂蚁。

乌鸦的怪招

——《麻雀》

《麻雀》是一篇纪实性散文。讲述老麻雀用自己的身躯掩护小麻雀的故事，体现伟大的母爱。乌鸦读了这个故事以后，会怎么想、怎么做呢？

《麻雀》这篇课文让麻雀一举成名。谁也不会想到，那只老麻雀竟然有这么大的勇气，逼退了比她大得多的猎狗！可是，乌鸦把这个故事读了又读，很不服气，终于想出了一个为自己撑面子的怪招。

乌鸦

乌鸦身披黑色的羽毛，叫声嘶哑，十分凄惨，民间认为这种鸟的叫声是不吉利的。乌鸦不仅吃蝗虫、蝼蛄、金龟甲等害虫，也吃一些动物腐尸，对净化环境有益。

“我的祖先是恐龙。”乌鸦逢鸟就讲自己显赫的家史。

“乌鸦呀，称自己的祖先是恐龙，是不是从此就出身‘名门’啦？”麻雀很不服气地问。

“我的祖先是恐龙。怎么啦？”乌鸦反问麻雀。

随后，乌鸦不仅这么说，还在百鸟王国的报纸、电视等媒体上大讲特讲。

“全天下都知道我的祖先是大名鼎鼎的恐龙，看谁还敢再说‘乌鸦叫，祸事到’这样毫无科学依据的话。”乌鸦躺在巢里，美滋滋地说，“小麻雀，这个靠一篇课文才成名的家伙，敢与我‘恐龙之后’媲美？没门！”

随着时间的推移，乌鸦的怪招竟然真的开

始起作用了。

兔子奇奇和小牛哥都特别关注媒体动态，第一时间知道了这个消息，十分好奇地找乌鸦聊天。

“你的祖先真是恐龙吗？强大的恐龙，怎么会留下你这么黑、这么小的后裔？”奇奇根本不相信乌鸦的宣传。

“恐龙不是我的祖先，难道是你们的祖先？”乌鸦反问了一句，“再说，小学语文课本里还有一篇文章叫《乌鸦喝水》，赞美的就是我们乌鸦的智慧。这是麻雀根本不具备的。”

乌鸦不服气的还是那只成名的麻雀。

小牛哥和奇奇听了，面面相觑，一时无话可说。

“简直是一派胡言，要是让百鸟之王凤凰知道了，非得给你点儿颜色瞧瞧。”奇奇觉得乌鸦信口雌黄。

“哼，我不相信凤凰管不了你这张乌鸦嘴。”小牛哥也很不服气。

乌鸦听了，不屑一顾地飞走了，心想：没有翅膀的家伙，就是见识短！

不久，凤凰果然召见乌鸦。

“乌鸦，你何必一定要自称名门之后呢！”凤凰语重心长地说，“干好自己的事吧，你也是捕捉害虫的能手嘛。”

“大王，我说的是有根据的。”乌鸦于是把自己知道的情况一五一十地告诉了凤凰。

根据考古发现，出现在两亿三千万年前的恐龙，只不过像狗那么大，几千万年以后，恐龙有了一个庞大家族，它们有的进化成凶猛的食肉动物，有的是食草动物。食草动物为了获得叶子、果实，为了躲避捕食的对手，学会了在树上跳跃、滑行，直到长出翅膀，成为鸟的祖先……

“噢，这我知道，这只不过是人类几个学者的推测而已。是有这种可能性，但如果推测成立，那也是所有鸟类共同的祖先，包括你瞧不起的麻雀！”凤凰望着乌鸦，严肃地说。

原来，乌鸦把推想当成事实来传播，本想来抬高身份，却闹了个笑话。

后来，凤凰还把学者的这段推测在电视、电台等媒体上集中播出，以消除大伙儿的误解。

从此，乌鸦再也不炫耀自己“出身高贵”的事了。乌鸦慢慢学会了与麻雀、兔子奇奇、小牛哥他们和谐相处，那个怪招再也不用派上用场了。

藏在课本里的秘密

★麻雀的特性★

麻雀共有27种，其中5种分布在中国境内。麻雀喜欢活动在人类居住的地方，胆子比较大，容易亲近人类，但是警惕性很高。麻雀属于群居鸟类，往往会有数百只、甚至数千只成群活动。它不仅吃植物种子，包括稻谷等，也吃有害的昆虫。麻雀在地面活动时，靠双脚跳跃前进。

熊猫博士悄悄告诉你

★恐龙灭绝于什么年代？★

恐龙最早出现在2亿3千万年前的三叠纪，灭绝于约6千5百万年前的白垩纪晚期，曾支配全球陆地生态系统超过1亿6千万年之久。恐龙家族极为庞大、多样，专家们目前发现并命名了1000多种。

乌鸦没有说谎

——《天窗》

《天窗》这篇课文写透过房子的天窗可以看到雨脚、闪电、一粒星、一朵云、一条黑影……这成为孩子唯一的慰藉。想一想，天窗上还会有哪些奇特的风景？

在红山大森林的边上，距离橡树街小学不远的地方，有一排带天窗的老房子。乌鸦经常登上屋顶，在天窗前停留，乌鸦在天窗前发现，向上看，向下看，向近处看，向远处看，都有不同的风景，心里一下好激动：登高望远风景好。

有一天，乌鸦把这个新发现告诉了熊猫博士。

“课文里讲了天窗，可是，你的学生看过天窗吗？纸上得来终觉浅。你一定要带着学生到天窗上看看啊！”乌鸦耐心地劝说熊猫博士。

“嗯，有道理。”熊猫博士采纳了乌鸦的建议。

熊猫博士本来就是一位善于创新的老师，总会想着给学生们惊喜。

“同学们，登上屋顶，从天窗向外看风景一定很神奇。”熊猫博士来到教室，微笑着对大家说，“生活中不是缺少美，而是缺少发现美的眼睛。今天晚上，你们去红山脚下看看那排老房子，登上屋顶看风景。”

熊猫博士还说，你们登上带天窗的屋顶，这本身就已经是绝妙的风景。

安全小贴士

不是所有的屋顶都可以观赏风景，小朋友们必须要在爸爸妈妈的陪伴下，前往正规的观景台观赏风景哟！

遗憾的是，熊猫博士的话刚出口，脸上的笑容还没有完全收敛，教室里就乱哄哄地叫嚷起来。

“老师，我去不了。”第一个怕困难的是小牛哥，“我天生就恐高。还没爬上屋顶腿就抖。”

牛

牛最早出现在1800万年前，而原始牛的四肢也不受体型和体重的局限。它们粗壮有力的牛蹄和高高的脚踝非常善于奔跑，但登高是牛的弱项。

一石激起千层浪。

“还有我，也有恐高症。”公鸡一鸣哆哆嗦嗦地说，“这是老祖宗遗传下来的。要不，我们鸡家的子孙早已进化成飞鸟啦。”

“老师，我不怕登高，可是担心老房子的屋顶承受不了我的体重。”猴子迟疑了一下说，“要是摔伤了谁负责啊！”

附和着猴子的还有山羊灵灵，她天生就胆小。

“老师，我登上天窗肯定没问题。但是我的脚太小，爬得太慢。”小蚂蚁丁丁慢慢吞吞

蚂蚁

蚂蚁是一种昆虫，头上有触须，长着6只脚，爬树、登上房顶等都不是问题。

地说，“说不定天黑开始爬，天亮还没有登上去。那还能看什么风景呢？”

蚂蚁丁丁的言外之意也是不想到天窗上看风景。

“老师，我虽然爬得慢，但是我愿意去试试。”蜗牛举手发言，“慢，我也不怕，我可

以想办法。”

“好。办法我来想。”熊猫博士停了一下说，“我可以请乌鸦把你送到天窗上。”

蜗牛委婉地拒绝了:“既然登上天窗看风景，‘登’这个过程是一定要有的。”

熊猫博士点头同意。

后来，蜗牛想出一个奇招，请萤火虫给他带路。他从早晨开始，到顶着烈日，再到披着星光。一路爬呀爬，终于爬上一间带天窗的老房子的屋顶。

“老师，我是登上了天窗，可是，我只能感受到微弱的亮光，并没有看到您所说的美丽风景。”回到教室里，蜗牛失望地说，“是不是我的视力有问题?”

熊猫博士听了，沉思起来：为什么同样登上天窗看风景，蜗牛和乌鸦的收获不一样呢?

有一天，熊猫博士带上蜗牛，找到了乌鸦，难道乌鸦说了谎？

“我明白了，这是由于看风景的角度不同。”乌鸦想了想说，“如果你从屋里透过天窗向外看，可以看到飞鸟、星光，这就像课文写的那样；如果你站在天窗向屋内看，室内光线暗淡，什么也看不到；如果你爬出天窗，站在屋顶向外看，远处的森林、山峦、村庄、田野、河流，尽收眼底……再说蜗牛的视力也不是特别好，所以才会跟我有不一样的体验。”

熊猫博士和蜗牛听了，恍然大悟：风景无处不在，关键要找到欣赏它的角度。

乌鸦没有说谎。

藏在课本里的秘密

★天窗的设计★

天窗不仅能够为室内空间引入自然光线，减少白天的能源消耗，还能够改善室内的通风环境。另外，天窗的出现还打断了原本封闭连续的屋顶，可以起到丰富“第五立面”即屋顶的作用。当然，天窗并不适用于所有房子，在一些作业活动需要高度用眼的空间，比如书画活动室、电子阅览室等，就应避免开设天窗，避免光照过强导致无法作业的情况，让人产生眩光。

熊猫博士悄悄告诉你

★蜗牛的眼睛长在哪里？★

蜗牛头上有四个触角，其中两根长的触角的上端，长着两个黑黑的小圆点，这就是它的眼睛。虽然有眼睛，可蜗牛根本看不到外面的花呀草呀。它的眼睛看不到外界的图像，只能感受到外界光线明暗的变化。

熊猫的“偶遇”

——《琥珀》

《琥珀》这篇课文根据琥珀的形成，推测几千万年前的故事，让我们感受古代的气候和地质环境的变化。想一想，化石长什么模样？

读万卷书，行万里路。学习《琥珀》以后，熊猫博士带着大家去参观化石展览馆，想丰富一下同学们的化石知识，让同学们亲眼看一看，化石究竟长什么模样。

化石展览馆就坐落在智慧谷里。大门十分

气派，一对石狮蹲守在那里，既没有保安，也没有讲解员，馆里站着一条智能机器狗。

“您好，欢迎参观科技馆，请在此配合拍照，以保留您此次参观的信息。”机器狗友善地提醒着。

原来，这是大馆套小馆，科技馆里有化石展览馆。

兔子奇奇、公鸡一鸣、小牛哥等同学一见，都十分兴奋，纷纷好奇地围观过来，想不到科技馆的管理竟然这么高科技。

随后，同学们相继通过了自动化的门禁系统，进入宽敞的大院里。只见建筑物沿着中轴线排开，两旁是干净整洁的通道，一左一右，根据指示牌的提示，可以进入不同展览区域。

“请选择要参观的展馆。”一个身材像小松鼠的智能机器人发出了友好的提醒。

“化石馆。”熊猫博士刚点了按钮，屏幕上立即闪现一条让他大失所望的消息，“对不起。您没有预约。”

智者千虑，必有一失。想不到熊猫博士犯

了一个低级错误。

“老师，前面有一场关于化石的新闻发布会，我们可以去听听吗？”兔子奇奇问。

“当然可以。”熊猫博士立即带领小伙伴们来到了科技馆那棵古老的银杏树下。

风吹叶摇，投下斑驳的树影。有一群小记者们正在纷纷忙碌，有的拍现场照片，有的铺开稿纸，攥紧了笔杆，有的打开了笔记本电脑……

“化石到底是什么东西？它为什么那么珍贵？”《蜂鸟》报的记者快人快语，首先发问。

“化石是保存在岩层中的古代生物的遗体或遗迹，分遗体化石和遗迹化石，像琥珀化石和黄河象化石均是遗体化石，但是长得并不一样。”研究化石的专家黑猩猩先生手握话筒，谈笑风生。

琥珀化石

以琥珀化石为例，从形状上看，有饼状、肾状、瘤状、拉长的水滴状和其他不规则形状；从颜色上看，有黄色、橙黄色、棕色、褐黄色或暗红色，也有较为罕见的浅绿色、黄色和淡紫色。

“请问，我为什么被人们誉为活化石？”《大熊猫》杂志的资深记者熊猫不紧不慢地说。

好逗。现场有的在窃笑。

熊猫博士差点儿惊掉了下巴，想不到在这里遇上了本家族的记者。

“很简单。那是因为从你们身上可以看到地球几百万年的进化历程呀！”黑猩猩胸有成竹地回答。

“请问，为什么人类得到一块化石如获至宝？”《小松鼠》杂志的记者小灰鼠，嘴巴尖尖的，在生物界的报刊记者里因挑剔而闻名。

“化石能帮助人类更好地探索大自然，探索的成果能更好地为今天各行各业服务！”黑猩猩谨慎起来，说话的神情很专注。

化石的作用

人们可以利用化石寻找石油、煤、地下水资源等，还可以用化石重建古地理环境，推测古代气候。

“哇！棒极了。”银杏树下大家爆发出了赞叹声！

太阳要落山了，大家都激动得满脸通红！

熊猫博士一边向化石研究的专家黑猩猩以及小记者们点头致意，一边迈着轻松的步子和同学们走出了科技馆。想不到这场“偶遇”，让他和学生们了解了化石的“前世今生”。

藏在课本里的秘密

★化石是动植物进化的史书★

化石是古代生物的遗体、遗物或遗迹埋藏在地下变成的跟石头一样的东西。从太古宙（34 亿年前）至全新世（1 万年前）之间都有化石出现。化石有三叶虫化石、植物化石、贝壳化石、足印化石、恐龙化石、鱼化石等，化石被人类美誉为“动植物进化的史书”。

熊猫博士悄悄告诉你

★琥珀化石加热会熔化吗？★

琥珀是一种透明的生物化石。它表面及内部常保留着当初树脂流动时产生的纹路，内部经常可见气泡、古老昆虫、动物或植物碎屑等。有趣的是，琥珀加热到 150℃就软化，250℃～300℃便能熔化，可以散发出松脂的气味。

一条“花”尾巴

——《猫》

在《猫》这篇课文里，老舍先生把猫写得十分可爱，“一玩起来，它不知要摔多少跟头……撞疼了也不哭……”这一次，百灵鸟校长把猫先生专门请到了校园，让他表演拿手好戏“跳低”，可是那条花尾巴差点儿害了他……

动物王国要召开运动会，地点就选在橡树街小学。当然，为争取这次主办场地，百灵鸟校长立了头功。

百灵鸟校长为办好这次运动会，想了一个很受欢迎的创意，专设了“自选项目”，大家可以参加自己的拿手项目。

这消息一发布，大家都非常高兴：小马哥喜欢长跑，耐力也不错，准能拿名次；兔子奇奇知道长跑不是小马哥的对手，就参加了短跑；拔河是大象师傅的强项，他的长鼻子有的是力气；山羊灵灵特别敏捷，走钢丝是她的拿手戏……

“在开幕式上，我们搞个服装表演，来一个‘鹅、鸭、猫组合’怎么样？”鹅大哥和鸭小弟并肩来到了猫先生家，“简单地说，就是走猫步呢。”

走猫步

这是一种程式化的步子，行走时左右脚轮流踩到两脚间的中线位置，或把左脚踩的中线偏右一点，右脚踩的中线偏左一点，产生出一种韵律美。

“你们有所不知，我最拿手的是什么？‘跳低’。”猫先生一本正经地说，“这一次，我在运动会也要展示一下这门绝活儿。”

说完，猫先生笑了。

“天啦，只听说有跳高的，没听说有跳低的。”小猴子十分好奇，连忙问，“跳低是怎么跳法？”

猫先生沉默片刻，然后起身，唰唰地爬上了一棵大树。

“这算什么，我也能爬上去。”猴子见了，在树下高声说。

猴子话音刚落，猫先生一个急转身，咚的一声从大树上跳了下来，脚跟站得稳稳的。猴子虽然会爬树，但是不敢这么跳，原来这就是“跳低”。

“猫先生，你能不能为大家表演一下‘跳低’呢？”熊猫走过来，提醒说，“应该像课文《猫》

里写的那样，猫摔跤是不怕疼的。”

“是啊，一定比小马哥的长跑更精彩，比山羊灵灵的走钢丝更惊险，比大象师傅的拔河更吸引大家的眼球。”鹅大哥和鸭小弟附和着。

“好啊，好啊，让我们看看猫先生是怎样‘跳低’的。”兔妈兔爸不知什么时候也来到了现场。

在大家的赞誉和期待中，猫先生爽快地答应了。不过，猫先生提出，要留下一点悬念，等几天后运动会的开幕式上再正式表演。

“嗯，这倒是有点创意。”百灵鸟校长点了点头，扇了扇轻盈的翅膀，用甜美的声音说，“还要请熊猫博士把这个节目编入开幕式手册呢！”

熊猫博士既好奇又怀疑，不知道猫先生会不会砸了开幕式的场子。

“不要担忧，不要担忧。”百灵鸟校长云淡风轻地说。

时间过得真快，日历转眼翻到了运动会开幕式的那一天。老虎、黑熊、独眼狐等各路好汉都赶来了，小燕子也从南方飞到这里参加运动会的飞行项目。

猫先生的“跳低”被排在最后一个。谁也想不到，小马哥、兔子奇奇、刺猬球球和小猴子为了帮助猫先生“跳低”，还特意跑到田野里采摘了许多蒲公英，编成了一把小伞，紧紧地扎在猫先生的尾巴上，猫先生“长”出了一条美丽的“花”尾巴。

“下面请猫先生表演‘跳低’！”主持人、校长百灵鸟女士清脆地说。

大家屏息凝视。

几秒钟后，猫先生走到了台前，先是弯腰行礼，接着一阵风似的飞蹿到校园里那一棵高耸入云的银杏树上，接着咚的一声从大树上跳下来。刹那间，那条花尾巴被摔落下来……还好，猫先生没有出现意外的伤害，仅扭了一下脚。

原来，猫先生忘记了，尾巴是他的平衡器，

扎紧或负重就无法调整平衡，从高处跳下来当然是会摔伤或扭伤的！

猫从高处掉下或者跳下来的时候，必须依靠尾巴来调整身体的平衡，然后用带软垫的四肢着地。

“不扎这个花尾巴，就不会让大家笑话了。”猫先生站起来，理了理修长的胡须说，“这真是画蛇添足。”

“有惊无险！”百灵鸟校长的目光里还是充满了肯定，“没关系，不影响‘跳低’的整体效果。”

百灵鸟校长话音刚落，台下响起了掌声，小伙伴们都觉得猫先生的表演，太惊险、太好玩了。

藏在课本里的秘密

★猫的食物★

在猫的食谱中，鱼和老鼠是它的最爱。这是因为猫是夜行动物，为了在夜间能看清事物，需要大量的牛磺酸，而老鼠和鱼的体内就含有比较多的牛磺酸。可见，猫喜欢吃鱼和老鼠完全是身体的需要。

熊猫博士悄悄告诉你

★猫为什么爱洗脸？★

猫已经被人类驯化了3500年，但是它不像狗那样，已经完全地被驯化。猫爱舔自己的毛，特别是用餐以后，会用前爪擦胡子（猫洗脸），这是猫的本能。猫这么做是为了去除自己身上的异味，以躲避捕食者的追踪。

谁偷了我的葵花籽

——《宝葫芦的秘密》

《宝葫芦的秘密》是作家张天翼的代表作，其中有一段写“我”和同学们比赛种向日葵，“我”自己种的谁也比不上，于是就希望宝葫芦能给“我”一颗最好的向日葵。想一想：向日葵是一种什么样的植物？谁会偷它的葵花籽呢？

一个风和日丽的早晨，兔妈妈带着兔子奇奇去旅游。

真巧，奇奇一出门就看见一颗奇怪的种子，长长的身子，头大尾巴尖，那一身黑衣服上还整整齐齐地镶着一条条白色的边呢！

“咦，这是什么种子呢？”奇奇捡起来放在掌心里左看看，右瞧瞧，说它是稻子吧，可它比稻粒儿个头大，颜色也不一样；说它是豆子吧，可豆子是圆圆的，黄黄的……这到底是什么种子呢？奇奇抓耳挠腮认不出来，课本上也没学过呀！

豆子

不同的种子颜色也各不相同，同样是豆类，黄豆的种子是黄的，红豆的种子是红的，绿豆的种子是绿的。

奇奇和妈妈看来看去，就是认不出。最后，母子俩达成共识：种种子。他们先在草地上挖一个小坑，把种子放到里面，再盖上一层土，踩了踩，又在旁边放上一块小石头做记号，这才放心地离开。

时间过得很快，转眼到了秋天。一天，妈妈和奇奇来到了一个小山村，守门的老人养着一群鸡，领头的老母鸡一边“咯咯”地啄着什么，一边“咕咕”地唤着孩子们。

“鸡阿姨，你吃的是什么呀？”奇奇看着那东西，眼睛好熟，“我们也有一颗呢！”

“傻孩子，这你就不认识啦。它是葵花籽，吃起来香喷喷的，可馋人啦！”老母鸡说。

葵花籽

葵花籽是向日葵的果实，富含多种维生素和微量元素，是一种很受欢迎的休闲零食，它也可以用来榨油，是食用油的重要来源之一。

接着，老母鸡又告诉兔子奇奇，要把坚硬的外壳啄破，吃里面的葵花籽。

噢！奇奇这时候才回过神来，要是能吃上

葵花籽该多好呀！

“说不定，那颗叫不出名字的种子也像鸡妈妈一样，已经下了一窝小种子啦！”奇奇拉着妈妈的手一边和鸡妈妈说再见，一边跑着去找那块做了记号的小石头。

可是，那片碧绿的草地还是和以前一样，石头还是愣愣地待在那儿。遗憾的是，他们俩在种葵花籽的地方找来找去，什么也没有找到，只有一棵新长的“小树”，立在草丛中……

“谁偷了我的葵花籽？”奇奇自言自语。

“会不会是公鸡一鸣呢？”奇奇想了想说，“鸡妈妈一家不都爱吃葵花籽吗？”

“公鸡一鸣没这份挖掘的能耐，独眼鼠才是不折不扣的小偷。”刺猬球球恰巧路过这里，低声提醒说，“这个家伙不仅会偷吃，还会打洞，把食物藏起来。”

“有什么证据吗？只是凭独眼鼠一贯的坏名声，就这么推定？这不太公平。”一阵风吹来，兔妈摇了摇短而粗的尾巴说，“别急，再找找看，或许是我们记错了地方。”

太阳西斜，夕阳把草地映衬得更加翠绿。

兔妈、兔子奇奇和刺猬球球在那块草地上找来找去，只要发现石块，就会兴奋地在旁边挖来挖去，最终还是一无所获。

几天后，奇奇和球球回到学校，把葵花籽被偷的事儿告诉了熊猫博士。

“谁会偷走你们的葵花籽？”熊猫博士想了想说，“还是到现场看看吧。眼见为实。”

阳光、微风、草地，那棵“小树”长得更高、更壮、更绿了。熊猫博士看到这情景，顿时眼睛一亮，轻松地解开了谜底。

原来，兔妈和兔子奇奇的葵花籽长成了一

棵向日葵。葵花籽在春天播种，然后发芽、抽绿，到秋天戴上金黄的花冠，又结出了籽儿。

阳光下，云更高，天更蓝。熊猫博士意味深长地告诉大家：“向日葵种子既没有丢失，也没有被偷，而是以另一种方式开启了一段新生活……”

藏在课本里的秘密

★向日葵式建筑★

德国的一位建筑师受向日葵的启发，建成了一幢能随太阳转动的房子。它建在一个水泥平台上，转向架的基座是位于地下室内、用6根柱子支撑的环形轨道。它的房顶上安置了太阳能电池和聚光镜，能把光能储存起来，保证房屋的日常供热和用电。

熊猫博士悄悄告诉你

★向日葵为什么朝着太阳转动？★

向日葵的花盘在早上受阳光照射，有助于烘干在夜晚时凝聚的露水，减少受霉菌侵袭的可能性。而且在寒冷的早晨，阳光的照射使向日葵的花盘变成温暖的小窝，吸引昆虫在那里停留帮助传粉。这是向日葵喜欢朝着太阳转动的奥秘。不过，向日葵的花粉怕高温，如果温度高于30℃，就会被灼伤。

（全3册）

高阶

藏在课本里的科学秘密

董淑亮
董　瑶　著

江苏凤凰文艺出版社
JIANGSU PHOENIX LITERATURE AND ART PUBLISHING

主要角色

熊猫博士

小学老师，知识渊博，敢于创新。

兔子奇奇

胆大、好奇，喜欢实践，
理想是成为一名科学家。

兔子萌萌

敏感，自尊心强，爱好书法、绘画。

兔爸

爱劳动，动手能力强，有点固执，
勇于担当，偶尔会偷点小懒。

兔妈

乐观、聪慧，富有激情和创新精神。

山羊灵灵

聪明可爱，有些胆小，有点虚荣心。

刺猬球球

爱捣蛋，贫嘴，自傲，爱给同学起外号。

百灵鸟校长

开明的女校长，干练，爱憎分明。

海豚杰克

来自深海，见多识广，富有同情心。

小牛哥

忠厚，心地善良，不善言谈，乐于助人。

公鸡一鸣

简单、粗暴、骄傲，又仗义正直。

山鹰警长

机智、果断、干练，维护正义。

目录

鸟儿的绝技

——《什么比猎豹的速度更快》

《什么比猎豹的速度更快》这篇课文里写了“速度”的相关趣事，包括鸵鸟、猎豹、游隼、飞机、火箭、流星体和光，讲的都是它们的速度。可是，在动物王国的优胜劣汰竞争中，除了“速度”，鸟儿还需要更多的拿手绝技……

动物王国的体育冠军选拔赛刚刚结束，紧接着举行鸟类运动冠军汇报会。场地就选在动物王国的橡树街小学，而且校长百灵鸟是这次活动总策划，熊猫博士是特邀主持呢。

“在这科技高度发达的社会里，人类的追

捉捕杀已逼得我们走投无路，许多鸟民濒临灭种，大家要向鸟类运动的冠军们学习，各取所长，练就一身适应生存环境的本领……”校长百灵鸟的开场白，说出了冠军们的心声，“受条件限制，各位冠军的高超技术，不可能全部当场表演，只能口头介绍。”

说完，百灵鸟校长把话筒递给了熊猫博士。

飞得高

“速度，是很多动物捕食的得力武器，也是逃离天敌追杀的利器。全世界现存的鸟类有9000多种，大部分鸟儿都飞得比较快，像灰头信天翁、红胸秋沙鸭、矛隼等。有的鸟儿飞得高，也是生存绝技之一！”熊猫博士落落大方地说，“现在请高飞冠军蓑羽鹤先生登台介绍。”

这些鸟儿飞行的最大时速分别是每小时 127 千米、130 千米、209 千米，从飞行速度来看，他们都是佼佼者。

蓑羽鹤先生嗖的一声，轻轻地落到了舞台正中间。他穿着一身灰色外套，加上头侧、喉

和前颈的黑色点缀，让大伙一睹难忘。

“瞧，眼后有一白色耳簇羽，好醒目。”公鸡一鸣也嘀咕起来。

片刻，台下渐渐安静下来。

蓑羽鹤振了振羽翅，高声说：“我是鹤类中个头最小的，可是我在飞行这方面不仅有速度，还有高度。”

说完，蓑羽鹤在电子大屏上展示了飞行路线图：大大小小的蓑羽鹤组成“八”字编队，脖颈伸得笔直，沿着外蒙古——内蒙古草原——青藏高原（秋季迁徙）——喜马拉雅山脉——印度半岛（海滨越冬）——中亚荒漠（春季迁徙）——新疆或外蒙古的路线飞行，繁衍后代……

排在最前和最后的是身体强壮的鸟儿，老、弱、小的鸟儿在中间，这样安排可以节省体力。

“这条飞行线路意味着什么？意味着在迁徙季节里，我们需要成群结队地飞越喜马拉雅山脉。”蓑羽鹤沉稳地说。

喜马拉雅山脉是地球上海拔最高的地方，它的主峰海拔 8848.86 米，像一道高墙似的阻隔在天空！

“怎么办？咬紧牙关，飞过去！”蓑羽鹤先生无限感慨地说，“就这样，年复一年，我们的子孙后代都练就了一身高飞本领……”

顿时，台下响起热烈的掌声！

是啊，飞得快很厉害，飞得高也值得骄傲——让敌人追杀的“子弹”够不着呢！

飞得远

“我们课文里讲到了鸵鸟、猎豹、游隼等动物，其中游隼是当今世界上速度最快的动物。

这种鸟类经常会组成密集的飞行编队，以每小时50—100千米的速度飞行，俯冲时最快速度可达到每小时387千米。你们能想象一下，这个飞行编队有多牛！飞行的速度可以轻松超越一列高铁（高铁最高时速一般为350千米）。在鸟类中，不仅有飞得快的、飞得高的，还有飞得远的，这也堪称一绝。”熊猫博士挥了挥，邀请北极燕鸥先生登场。

北极燕鸥身体的腹部是白色的，头顶有个黑色的“帽子”，个子小，身体瘦，翅膀特别窄，而且尾巴是分叉的，如燕尾一般。它刚刚登上舞台，立即迎来了台下欢迎的尖叫声。

燕鸥

燕鸥属于一种海鸟，头顶黑色，尾巴分叉，全球有几十种，体型差异很大，最小的白额燕身长不过20厘米多一点，而大型种类如大凤头燕鸥能有40多厘米。

“我们世世代代在寒冷的北极生活。在冬天到来之前，必须赶到地球的另一端——南极过冬。这段路程要经历千山万水……”北极燕鸥把翅膀轻轻地收敛起来，露出了尖尖的燕尾。

“好样的，马拉松金牌，受之无愧！”北极燕鸥的话还没说完，不知谁高呼起来。

是啊，为了生存，北极燕鸥带着儿女们长途跋涉，从北极到地球的另一端——南极，往返距离大约是38400千米，是名副其实的“迁飞冠军”！

“嗯，一个是高飞冠军，一个是迁飞冠军。”百灵鸟校长兴奋地说，“我们飞鸟家族人才济济啊！”

“当之无愧，当之无愧。”熊猫博士握着话筒，连连称赞。

是啊，比飞行，不论是速度，还是距离或高度，鸟类都让其他动物仰视。

藏在课本里的秘密

★飞机★

1903年，美国发明家莱特兄弟根据精确的计算，制造出了一架机翼长12米的新式飞机，安装上了汽油发动机，取名为“飞行者1号”，并于这一年的12月17日来到沙滩上试飞。飞机在天空逗留59秒、飞行260米后，安全着陆。这是人类第一次驾驶飞机成功飞行！这一天被人们公认为飞机诞生日。

★火箭公式★

1903年，双耳失聪的俄国科学家齐奥尔科夫斯基在论文中提出了著名的火箭公式，论证了用火箭发射航天器的可行性，指出：最理想的推进剂不是火药，而是液体燃料；单级火箭在当时达不到宇宙速度，必须用多级火箭接力的办法才能进入宇宙空间。这一理论的创立，为人类征服太空竖起了一架扶摇直上的天梯。

藏在课本里的秘密

★光催化原理★

光不仅跑得快，在紫外线照射下还具有氧化还原、净化污染物的能力。1967 年，日本科学家藤岛昭教授在一次试验中发现光催化反应，光催化剂在光的照射下可将有机污染物彻底降解为二氧化碳与水，被誉为“当今世界最理想的环境净化技术”。

熊猫博士悄悄告诉你

★猎豹为什么能跑得那么快？★

猎豹在追捕猎物的时候一般只能短跑几百米，猛扑过去，像运动员冲刺那样。它跑得快的奥秘：一是它的体型。猎豹体型纤细，腿长、头小、耳朵短，脊椎骨十分柔软，容易弯曲，具有流线型的体型，受到的空气阻力最小。二是它跑起来十分轻盈，而且在急转弯时，大尾巴可以起到平衡作用，不会摔倒，这是一般快速奔跑的动物做不到的。三是它的呼吸系统和循环系统可以在短时间内超负荷运转，可以承受体内囤积的热量。

怕晒的河马先生
——《太阳》

《太阳》这篇课文，介绍了太阳会发光，会发热，是个大火球，表面温度有6000摄氏度，比炼钢炉内沸腾的钢水温度还要高3倍，中心温度估计是表面温度的3000倍。想一想：太阳这么热，怕晒的河马想到了什么妙招？

清晨，琅琅的书声在红山大森林里传得很远很远。在林荫小道上散步的百灵鸟校长，听着熊猫博士大声朗读课文《太阳》：“如果没有太阳，地球上将到处是黑暗，到处是寒冷，没有风、雪、雨、露，没有草、木、鸟、兽，自然也没有人。”

河马写信

伴着晨风，熊猫博士的读书声也传到了河马先生的耳朵里，他心想：对河马家族来说，太阳没有那么重要。

河马

河马是两栖动物，喜欢群居，皮肤的汗腺里能分泌一种红色的液体作为天然防晒剂，以湿润皮肤，常被误认为是排出来的血，称为“血汗”。

原来，河马的皮肤非常敏感，长时间离开水便会干裂，要是被太阳暴晒，那更是火烤一般煎熬。怎么办？河马决定写封信给太阳公公。

于是，河马先生一边思考，一边慢悠悠地提起笔来。

“尊敬的太阳公公：

我是地球上的河马，皮肤非常薄，最

怕您的暴晒了。我们一旦被暴晒，轻则生病，重则死亡。因此，恳请您从初夏至初秋这一段时间，到金銮殿里休假，以造福我们河马家族。千恩万谢！”

信写好了，老河马又让小耳朵河马读读信，提提意见。

“老爸，《太阳》这篇课文里写得确实不够客观、全面。没有太阳，许多动物、植物照样生活得很美好。据我所知，苔藓呀、蘑菇呀都不喜欢阳光，甚至从来没有见过太阳。至于水晶兰、龙血树、纸莎草、吊兰等植物，完全不需要阳光！”小耳朵河马一本正经地说。

“嗯，很好。这些内容应该补充到信里，告诉太阳公公，让他最好放个暑假。”老河马为自己的智慧得意一番。

经过一番修改、润色，给太阳公公的信终于

完成了。老河马看着自己的杰作，抬起那颗粗硕的头颅，努力睁大小眼睛，若有所思地仰望着天空……

鸟儿送信

太阳渐渐升高，爬到红山大森林的上空，金色的阳光无遮无挡地洒在青枝绿叶上。河马先生和小耳朵河马躲到池塘的水里，商量着怎样才能把信送到太阳公公的手里。

小耳朵河马建议大耳朵兔去送信，理由是他跑得快。

“兔子虽然跑得快，可是他的耐力差，跑那么远受不了啊！”老河马想了想说。

“那就请小牛哥来帮忙。”小河马觉得小牛哥耐力非常好。

“我知道，小牛哥虽然耐力好一些，但是跑的速度太慢。想一想，太阳早晨从东边升起，要在晚上落山的时候把信送到，这么短的时间，也太难为他了。”老河马还是拒绝了这个主意，想了半天才说，“在飞鸟中，选一位信使是不是更好？”

是啊，鸟儿飞得快，请鸟儿送信最合适。

“喜鹊送信可以吗？”小耳朵河马说，“历史上，喜鹊飞到银河上搭建鹊桥，让牛郎织女相会。”

“那只不过是一段美丽的传说！”老河马拒绝了。

“那请大名鼎鼎的军舰鸟当邮差怎样？”小耳朵河马试探着问。

老河马想了想，点头认可。

“嗯，好的，我愿意给太阳送信。”想不到军舰鸟满口答应。

大清早，太阳刚露出小半边脸，军舰鸟就快

速地向东方飞去，越过一个又一个村庄，一座又一座城市，再抬头一看，太阳已经跃到半空中了……

“不好意思，我追到东方的时候，太阳已经爬到天顶上了。怎么办？”军舰鸟扇了扇翅膀飞回来。

“那你下午趁太阳没有落山飞过去嘛。”老河马恳切地说。

可是，军舰鸟飞呀飞，绕了一大圈又衔着信回来了。

“对不起，我真的没这能耐。眼看就要飞到了，可是天黑了，太阳躲到大山里，找不到啦！”军舰鸟丢下信，不辞而别。

“老爸，我们请飞得最高、最远的鸟帮忙吧。”小河马又在一旁提醒说。

“好呀，那是谁呢？”

“雨燕。”小河马接着说，“雨燕能飞过地球上的最高峰，每次迁徙都有上万千米。”

雨燕

雨燕分布广泛，体长约10-30厘米，体重9-150克。它们飞翔速度很快，常在空中捕食昆虫，翅膀长但腿很短。

雨燕来了，飞过一座又一座高山，一条又一条河流，再抬头一看，太阳还是离得那么远、那么高……

后来，太阳公公知道了，在心里暗暗地笑了。太阳离地球有一亿五千万千米！不要说鸟儿，就是飞机也要飞二十几年。

因此，老河马的那封信至今还没有送到，太阳还那么热，怕暴晒的老河马和小耳朵河马乖乖地躲到水里，夜晚才露出水面，爬上岸边……

藏在课本里的秘密

★太阳是离地球最近的恒星★

太阳是一颗非常普通的恒星，在广袤浩瀚的繁星世界里，太阳的亮度、大小和物质密度都处于中等水平。其他恒星离我们都非常遥远，即使是最近的恒星，也比太阳远27万倍，看上去只是一个闪烁的光点。

★太阳能★

太阳是个大火球，它的热辐射能就是我们常说的太阳光线。太阳光线在现代一般用作发电或者为热水器提供能源。太阳能发电是一种新兴的可再生能源。根据原子核物理学和爱因斯坦的质能转换关系式 $E=mc^2$，每秒钟有质量为6亿吨的氢经过热核聚变反应为5.96亿吨的氦，并释放出相当于400万吨氢的能量，正是这巨大的能源带给了我们光和热。

藏在课本里的秘密

★太阳引力★

在整个太阳系中，太阳的质量占99.8%，其他八大行星加起来的总和也不到太阳质量的千分之一。它产生的引力大得惊人，科学家用牛顿万有引力定律的公式推出，它产生的力量可以一下子把地球上2万亿根直径粗达5米的钢缆拉断。

熊猫博士悄悄告诉你

★军舰鸟也善于飞翔吗？★

军舰鸟胸肌发达，翅膀很大，但身体较小，腿又短又细，极善飞翔，是世界上飞行最快的鸟类之一。它不但能飞达约1200米的高度，而且能不停地飞往离巢穴1600多千米的地方，最远可达4000千米左右。

乌鸦的请柬

——《鸟的天堂》

在《鸟的天堂》这篇课文里，那棵大榕树上有各种各样的鸟儿，“大的，小的，花的，黑的，有的站在树枝上叫，有的飞起来，有的在扑翅膀……”可以说，一棵大榕树就是一个大鸟巢，是名副其实的“鸟的天堂”。后来，乌鸦知道了，邀请许多鸟儿也去“天堂”，结果怎么样呢？

“榕树正在茂盛的时期……那么多的绿叶，一簇堆在另一簇上面，不留一点儿缝隙……”这是《鸟的天堂》里描绘的大榕树，栖息着许多鸟儿。后来，一只居住在那棵大榕树附近的黑乌鸦，突发奇想，到处动员其他的鸟儿一起去“鸟的天堂”

居住，还特别用心地制作了一张张精美的请柬。

最美的，不一定是最合适的

有一天，乌鸦找到了动物小学的熊猫博士，然后请兔子奇奇、小马哥和小牛哥帮忙，大家一起送请柬。

小马哥跑呀跑，跑到了荒原。

“柳莺，你的家建在这里，挺荒凉的。”小马哥关心地说，“我这里有一张请柬，邀请你一起去鸟的天堂，那儿有很多鸟儿呢。”

柳莺

这种鸟的体型比麻雀小得多，背羽以橄榄绿色或褐色为主，下体淡白，嘴细尖，常在枝尖不停地穿飞捕虫，甚至会把昆虫轰赶起来，再追上去啄食，有点小聪明哟。

“鸟的天堂在哪里？真有许多鸟吗？” 柳

莺好奇地问。

“是啊，那是一棵硕大无比的榕树，栖息着无数只鸟儿。”小马哥接着说，“你的家太寒酸，在荒草丛中挑个洼地，堆几片草叶子就生儿育女……真是太愧对自己了。”

“哈哈，你说错了，在荒原上安家其实挺安全的。最美的，不一定是最合适的。”柳莺拒绝了那封请柬。

看来，穷日子过惯了，思想已经僵化，小马哥在心里想，于是他摇了摇头离开。

小兔子奇奇找到了寄人篱下的麻雀，掏出鲜红的请柬。

“小麻雀，还在这儿愣着干啥？到那棵大榕树上安家吧。”奇奇激动地说，“那里居住着许多好朋友，会唱歌的画眉鸟也在那儿。”

“不，我已经习惯在这里生活了。瞧，屋

檐下多安全，关键是家前屋后，经常有扔下的残渣剩饭。”小麻雀很满足当下的生活，舍不得这低矮的屋檐。

奇奇在心里瞧不起小麻雀，认为他是没有远大志向的鸟。

小牛哥跑呀跑，跑到了大海边的一片悬崖上，看到一只金丝燕，十分心疼地劝说起来。

“你看，住在大海边的悬崖上，多危险啊！我这儿有黑乌鸦送来的一封请柬。你拿着它到南方的那棵大榕树上安家吧，朋友多，也没有海风吹、大雨淋。”小牛哥关心地说。

“对不起，那里虽好，可是对我来说不合适。

我喜欢在这高高的悬崖上安家，越危险的地方越安全。”金丝燕说完，迎着海风飞走了。

小牛哥握着请柬，在那儿呆立了很久。

对不起，我爱我家

一张请柬也没送出去，这让奇奇、小马哥和小牛哥都感到很为难。

“再想想办法嘛。我有点想不通，那么美丽的地方，鸟儿却不动心。”乌鸦黑着脸，鼓励大家再次行动。

于是，大伙儿又出发了。

奇奇到了大森林，找到了啄木鸟。

“在榕树上安家？我还是不习惯。”啄木鸟戴着坚硬的头盔，咬了咬牙说，“我爱我家。在树洞里安家，对我来说最舒适。”

说完，啄木鸟飞到了一棵大树上，敲击着

树洞，捉起了虫子。

小马哥找到了芦苇荡里的苇莺，把精美的请柬递给他。

苇莺

苇莺喜欢生活在苇塘及沼泽地区，体色以褐色为主，嘴细尖，体型纤长，在草茎间穿飞及跳跃来捕食昆虫。

苇莺告诉小马哥，他喜欢在近水处的深草丛中筑巢，“近水楼台先得月”，离水近一些，休息、猎食等来去方便。

“对不起，我不去那里。我爱我家。”苇莺拒收请柬。

小牛哥找到了织布鸟。

“到榕树上安家？榕树是鸟的天堂？”织布鸟停了停说。

“是啊，那里有许多鸟类朋友。”小牛哥

接着说，“我这里还有请柬呢。”

说完，小牛哥拿出了精美的请柬。

可是，织布鸟告诉小牛哥，她要把鸟巢编织成瓶状的，必须先撕取长条的树状纤维，再用嘴和脚像织布工人那样灵巧地飞针走线，而且要适时地打结才能编织成坚固的巢，为了这个巢穴，她付出了极大的心血，决不会离开这里的。

后来，黑乌鸦知道了这些消息，很难过，也很不理解。

可是，熊猫博士云淡风轻地告诉大家：“鸟的天堂好不好，只有鸟知道，而且每种鸟的习性、需求都不一样：任何一个好地方，都是相对的。”

藏在课本里的秘密

★榕树与气候★

榕树是一种高大乔木，一般高 15-25 米，胸径达 50 厘米，树冠特别大，像一把巨伞插在大地上。榕树虽然喜欢充足的阳光，但是怕干燥的气候，更怕太阳暴晒。最喜欢温暖、湿润的生长环境，特别怕冷。嘿，榕树是不是有点儿娇气呀？

★榕树是“独木成林”★

榕树高大的树冠可以向四面伸展，枝叶繁茂，一棵树就能够成为一片树林，这也是它能够成为鸟的天堂的重要原因。有的巨大树冠投影面积竟达 1 万平方米之多，一支几千人的军队在树下纳凉，那是一点儿问题都没有的。嘿，仅凭这一点，就够壮观的。

藏在课本里的秘密

★榕树的气生根★

榕树的枝条上生长着许多气生根，这些根又可以向下伸入土壤，形成新的树干，成为支柱根，虽然这些气生根看上去又多，又细碎，向下悬垂，像一把把胡子，可是它的作用一点儿也不小。像其他的根系一样，气生根能够吸收水分和养料，同时还支撑着不断往外扩展的树枝，使树冠不断扩大。没有气生根，榕树休想“独木成林”。

熊猫博士悄悄告诉你

★金丝燕的窝就是大名鼎鼎的燕窝吗？★

是的。燕窝是金丝燕及多种同属燕类用唾液与绒羽等混合凝结所筑成的巢窝。世界上最上乘的燕窝基本上都来自马来西亚以及印度尼西亚，是有一定营养的保健食品。不过，燕窝被采摘以后，还要经过浸泡、除杂、挑毛、烘干等复杂的加工才能制成供人们食用的成品燕窝。

小木船的大梦想
——《草船借箭》

《草船借箭》这篇课文里写到了诸葛亮用小船装载着草人，向曹操“借箭”的故事。小船为诸葛亮借箭立下了汗马功劳。可是，有一条小船不安心待在小河里，也想到大江大海里建功立业，闯荡一番，结果会怎么样呢？

在红山大森林里，有一条小河穿林而过。一条小木船在两个简陋的渡口之间，穿梭往来，忙忙碌碌。当然，有时候松鼠呀、鸬鹚呀都会在夜晚无人的时候，登上小船自我陶醉一番呢。

有一天，熊猫博士带着他的科考小队来到

这里，“野渡无人舟自横”，好奇的兔子奇奇和小牛哥便与小木船攀谈起来……

从小河到大江

打开话匣子的小木船告诉熊猫博士和他的科考队员，当年他并不甘心在小河里这么寂寞度日，也曾有过雄心壮志，与课文《草船借箭》里的小船相比，一点也不逊色。

那时候，小木船在这条小河里摆渡，日复

一日，觉得生活单调无趣，一副孤独落寞的样子。

后来，一场暴风雨降临，冲断了系着小木船的缆绳。

“真是天赐良机，再见啦，小河！”小木船兴奋起来，在滔滔不绝的洪水中奔跑着、舞蹈着。

不久，小木船来到了一条大江，看到宽阔无比的江面上，一艘大轮船鸣着汽笛呼啸而来，连忙凑上去套近乎。

轮船

1807年，美国著名工程师富尔顿制造出世界上第一艘用机器推进的船——轮船，航行在哈得逊河上，并开辟了轮船运输业务。

“小心，浪太大。”大轮船掀起巨浪，焦急地喊起来，“小木船，你怎么可以到这里来。这是大江啊，危险得很。”

“不，我不怕，我就喜欢刺激、冒险。”

小木船觉得在起伏的浪涛上跳舞挺好玩的。

“不行啊，你个头太小，禁不住大江里的巨浪。我是钢筋铁骨，是赫赫有名的万吨巨轮！”大轮船十分关心地说，“你早点回到小河里，什么水养什么船啊！”

“不，我决不回到小河里。”小木船固执地说，“还有比这更大的江吗？”

“那就是大海了。”大轮船更加担心起来，“大海无风三尺浪，会更危险！”

可是，小木船没把大轮船的话放在心里，觉得大江里的波涛让他好快乐，一会儿冲到了波峰上，一会儿滑进波谷里……他的梦想就是到比大江还大的海洋里去啊！

从大江到大海

随后，小木船顺流而下，湍急的江水托着

他飞速地向大海奔去。当他听到大海雷鸣般的吼声时，心里涌起了莫名的恐惧。可是，小木船已经无法回头了。

“小木船，小心啊！”一条十万吨的巨轮正在慢慢靠岸，准备停泊在码头里，看见在风波里出没的一叶小舟，连忙惊骇地说。

随着瓦特蒸汽机的问世，人们自然而然地想到在轮船上安装蒸汽机。1852年，法国的亨利·吉法德设计制造了一艘长达44米的飞艇，在飞艇上安装了一台3马力的蒸汽机。

“快跑，大浪来了。”这时，海底突然冒出一条船。

“你是谁？”小木船用颤抖的声音问。

“我是潜在水里的船，名字叫潜艇。”

“潜在水里？沉下去，还能浮起来？”小

木船更加不解了，想不到大海里竟然还有这样的“怪物”。

“我可以一会儿浮在海面，一会儿沉到海底，用的是核动力，在大海里航行几万里都不用加燃料。”核潜艇大声说，“没有真本领，在大海里活不下去的。刚才那条巨轮，用的是太阳能。没有这样的能耐，大海里能待吗？小木船，回头是岸啊！”

“我……我……”小木船颤抖地说，“怎么才能靠到岸边呢？”

“我来帮你。”说完，核潜艇立即潜入水底，掀起巨大的漩涡，哗的一声，借着强大的漩涡，把小木船送到了海边的沙滩上。

从梦想到现实

脱离险情的小木船静静地停泊在沙滩上，

凝望着滚滚浪涛，终于醒悟过来，再也不嫌弃小河，更不会盲目地向往大海了。

有一天，小木船历经千辛万苦又回到了这条小河里。

小木船一边说，一边长长地吐了一口气，吹了吹身上的苔藓，像斑驳的外衣一样。

“小木船，大海里的风浪是不是太大？小河里是不是更安稳？”公鸡一鸣还沉浸在小木船的故事里。

“小木船，理想不切合实际，就成了幻想，是不是？”兔子奇奇听完小木船的讲述，想了想说。

夕阳下，小木船沉默着，一副心如止水的样子。

最后，熊猫博士一句很有哲理的总结，让小木船佩服得五体投地：小河虽小，可是适合自己，五彩的梦想不能脱离实际。

藏在课本里的秘密

★中国古代的船★

早在新石器时代，我们的祖先就广泛使用舟和筏。有了石斧以后，人们在木材上凿出空腔，造出了真正的船——独木船。这就是“刳木为舟，剡木为楫”。到了商代，我国已制造出有舱的木板船。汉代，我国的船上已经配备了除桨以外的锚和舵。15 世纪初期，中国拥有世界上最为先进的造船技术和最大的远洋船队，其中最为著名的是郑和七次下西洋的宝船。

★帆船★

公元前 2900 年前后，埃及人最先使用帆船。从那以后，一直到 18 世纪以前，帆船都是海洋交通工具中的主角。大约距今 500 年前，才开始出现有 3～4 根桅杆的多桅帆船，这种帆船船身坚固，抗风浪能力较强。

藏在课本里的秘密

★皮筏★

在古代的美索不达米亚、努比亚、印度和巴比伦的河流上，皮筏是重要的水上出行工具。那是一种牛皮筏，做在有弹性的木架上，远看像一把张开的伞。在北亚地区，大皮船是用海豚皮做成的，并用动物肠织成了帆，而且帆既有正方形，又有椭圆形，船也出现了单桅和双桅，人们还学会用大石头或装满石头的篮子作为锚。

熊猫博士悄悄告诉你

★航空母舰是世界最大的船吗？★

是的。以美国的“尼米兹号”航空母舰为例，它的排水量是 9 万吨，最大航速达 35 节，装备了 30 万匹马力的动力装置，相当于 3300 辆载重汽车的动力总和。一艘航空母舰上装备有庞大的武器库，有用于进攻的舰载歼击机、舰载攻击机、舰载反潜机，还有用于后勤保障的预警机、侦察机、加油机、救护机等。

小伙伴们的新问题
——《童年的发现》

《童年的发现》这篇课文讲述"我"发现胚胎的发育过程，写出了童年的探索乐趣，也表现了作者惊人的想象力。那么，人类究竟是在进化，还是在退化？

这几天，大家都在学习课文《童年的发现》，兔子奇奇、小牛哥、山羊灵灵和刺猬球球等小伙伴十分感兴趣，也生出了许多新问题……

进化，还是退化

在小伙伴们的心目中，见多识广、知识渊博的山鹰警长，好像无所不知一样，大家遇到什么问题都会去找他。

“警长先生，人类好奇怪，最早是生活在

海洋里的，像鱼那样游来游去。后来，从海洋里渐渐爬到岸上。”刺猬球球接着说，“可是，人类的游泳能力再也不如一条鲨鱼，或者一只小虾了。那么，这究竟是进化了，还是退化了？”

山鹰警长听了，一时语塞。

“警长先生，人类从大海里爬到岸边，后来有很长一段时间是生活在树上的，有极强的攀爬能力，现在人类这种能力早已不存在了，连一只小蚂蚁都不如。那么，这究竟是进化了，还是退化了？”提出这个问题的是小牛哥。

“从树上再到地面，人类奔跑的速度也渐渐退化了。”兔子奇奇想了想说。

山鹰警长仔细地听着，想着，一时却难以给出答案，便去请教乌龟先生。

“依我看，人类是退化了。人类游泳的本领，还像当年那么强吗？能潜在水里生活吗？

不可能啦。还有，人类还不如我们乌龟长寿。”乌龟认真地说。

山鹰警长来到大山里，想听听猴子的看法。

“人类爬上岸以后，先是像猴子那样跳来跳去，还不会直立行走。大约600万年前，人类的祖先就是一种猿类。这还用问吗？我的警长先生，人类明显在退化。”猴子眨了眨那对毛眼睛说，“人类能在树枝上攀爬跳跃，像我们这样敏捷吗？连一只小树懒都不如。要是比赛跑步，人类比猎豹差得远了。”

树懒

树懒的头又圆又小，耳朵也很小，隐没在毛中。树懒的样子有点像猴子，但却不似猴子般灵活，它们动作迟缓，常用爪倒挂在树枝上数小时不移动，所以被称为“树懒”。

猴子还说，如果人类今天还在树上活动，肯定早被饿成干果了，幸亏他们早早逃到地上去。

意外的收获

山鹰警长做事就像办案一样，十分仔细，不弄个水落石出是不会罢休的。于是，他带着这些问题又一次走到了橡树街小学，把大家的观点告诉百灵鸟校长和熊猫博士。

百灵鸟校长一听，对这个问题也十分感兴趣，立即召集仙人掌班的同学，让他们一起来听听。

“人类虽然不会游泳，可是制造出的潜艇，能持续在大海里潜伏，地球上哪一种鱼能有这样本领？这怎么能说是退化呢？”熊猫博士想了想说，“人类虽然不如猴子在树上那么灵巧，可是，制造的飞机比鸟飞得还高，制造的汽车比猎豹跑得快。”

潜艇

1620年，荷兰物理学家科尼利斯·德雷尔成功制造出人类历史上第一艘潜艇。它的船体像一个木柜，外面覆盖着涂有油脂的牛皮，船内装有作为压载水舱使用的羊皮囊。德雷尔被称为“潜艇之父”。

大约20万到200万年前，最早在非洲出现了懂得用火的猿人，他们是后来才慢慢学会制造工具的。

“警长先生，人类有些功能在退化，譬如手臂的力量、游泳的本领、跑步的速度等，但是有的器官在进化，如大脑的思维能力和制造工具的能力，这是地球上任何一种动物都望尘莫及的。”百灵鸟校长经过一番深思，斩钉截铁地说。

“是啊，人类的综合能力在进化，包括大

脑的创造能力。”山鹰警长恍然大悟地说，“爱挑刺的小伙伴们，现在听明白了吗？你们的问题，我的心事，都可以了结啦！”

小伙伴们听了，心悦诚服，不仅解开了心头的疙瘩，还有了意外收获：学会以辩证的观点来全面地认识事物。

藏在课本里的秘密

★人类的牙齿★

婴儿在出生6个月左右，下颌乳中切牙开始萌出，口腔内一共有20颗乳牙，大约在2岁半的时候全部萌出。每个人有32颗恒牙，真正行使功能的牙齿有28颗。

★人类的手指★

当你在妈妈的肚子里，作为一个生命的胚胎，成长到5周左右的时候，手就已经出现了，但是它非常小，就像鱼的鳍一样。在随后的发育中，手指慢慢开始成长，手指之间的蹼渐渐退化。到了11周的时候，手的关节、肌肉甚至指甲都已经发育完全。瞧，手就这么诞生啦。一个20周大的宝宝，在母亲的肚子里，已经会用幼嫩的手指给自己的耳朵挠痒了。

★人类的眼睛★

你的眼睛看到最小的物体是什么？口袋里的钱币，指甲上的纹路，绣花针的针脚？还有比这更小的，那就是螨虫。它是人类肉眼看到的最小的昆虫，只有0.2毫米那么大，相当于200微米那么大。

熊猫博士悄悄告诉你

★手是人类的智慧器官吗？★

科学家认为，人类在漫长的进化中，长了三个最具有智慧能力的器官，那就是大脑、眼睛和手。对此，也许有的人至今还是十分不解，大脑会思考了，眼睛能传递感情。那么，手的智慧从哪儿表现出来呢？专家们指出，手可以制造工具，这也是人与其他动物最大的区别！人类靠什么征服大自然？除了大脑产生的智慧以外，最得力的器官无疑就是手。人类的手通过大拇指与四指的灵巧配合，可以自如有力地实现抓、拿、握、捏、扔等动作，而动物的前爪没有这个能力。

“最好的”与“最合适的”
——《牧场之国》

《牧场之国》写荷兰是“水之国，花之国，也是牧场之国”。那天堂般的绿色草原上，生活着白色的绵羊、黑色的猪群、成千上万的小鸡……多么令人向往。如果小牛开垦了一块荒地，是不是也能成为芳草茂盛的牧场？

红山大森林的东北角，有一片连绵起伏的丘陵，勤恳的小牛哥看到那些高低不平的荒地，就起早贪黑地把它开垦出来。

可是，开垦的荒地种什么好呢？小牛哥站在那里，睁大铜铃般的眼睛，望来望去……

种什么最好

有一天，小牛哥把开垦荒地这件事，在仙人掌班的晨会上讲了一遍，想听听小伙伴的意见。

一石击起千层浪。

大家各抒己见：有的说种花，有的说种草，有的说种瓜，有的甚至说栽树……个个讲得头头是道，争得面红耳赤，谁也说服不了谁。

直到熊猫博士走进教室，议论声才戛然而止。

“种什么好，不是那么简单的，既要看天时（季节），也要看地利（土壤）的。不到那片开垦的土地上走一走，看一看，坐在教室里能议论出什么结果呢？”熊猫博士的一席话，让大家茅塞顿开。

放学后，太阳还高高地挂在半空。小伙伴们都兴致勃勃地来到了小牛那块新开垦的土地

上，站在田埂上七嘴八舌地讨论起来，纷纷献计献策。

“种草吧，让这儿成为一片牧场。”公鸡一鸣总是喜欢抢先发言，“要种就种燕麦草。”公鸡一鸣在心里还打着自己的“小算盘”：燕麦草长得旺盛，就会引来许多小昆虫，那可是自己的美食哦。

燕麦草

燕麦草根儿短、草茎壮、秆直立，而且耐寒，可以作饲料或肥料。

小牛哥想了想，觉得有道理。种上草，管理好的话，像《牧场之国》写的那样，或许能引来几只荷兰的白头黑牛呢。即使没有荷兰牛来，自己的小牛、小小牛……有了草，也饿不着呀。

“还是种油料作物吧，譬如大豆、油菜等。”球球发表了自己的看法，“我提出这个建议，没有一点儿私心。”

小牛哥也赞同。种大豆当然可以，豆子营养高，豆秸也能当草吃，挺好的，对保持土壤肥力也有一定好处。

“还是种点儿菜吧，小白菜、萝卜，那才是美味呢。”兔子奇奇兴致勃勃地说，“吃不完，还可以挖个地窖储藏起来呢。”

兔子奇奇想象着满眼都是绿油油的蔬菜地，彩蝶飞舞，一派田园风光，乐得三瓣嘴合不拢。

小牛哥听呀想呀，觉得都很好，又不知什么是最好的，始终拿不定主意。

种什么最合适

天阴绵绵的，乌云在天空卷来卷去，快下雨了。小牛哥思考一番，仍然下不了决心。这时候，一只小猴子从山上兴冲冲地跑来。

“种草、种菜，都挺费事的，不如栽果树，可以年年吃果子。春天还可以当花园来赏花呢。”猴子眨着眼睛说。

“是啊，这个办法好。”小牛哥觉得这片荒地要成为果园，不比牧场差。

况且，果树下还能长草，小牛哥、山羊灵灵和兔子奇奇都有吃的啦。

“要种就种松树。松子多香啊！”突然，小松鼠拖着长尾巴，叽叽咕咕地嚷着，不知从哪儿冒了出来。

“我看，最好种杨树，长得高大，我要在树上盖房子，生宝宝呢。”嘿，乌鸦也飞来凑热闹。

松子

松子是红松的种子，野生的红松需生长50年后才开始结籽，成熟期约2年，极为珍贵。红松的种子粒大，种仁味美，被誉为“长生果”“长寿果”。

小牛哥一会儿望望这，一会儿望望那，不知道怎么办才好。

“我看呀，什么也不种，开辟个池塘，里面养鱼。怎么样？”百灵鸟校长也来了，声音很甜美。

“是啊，开个口子，把池塘与小河连起来，就能走船了。”鸭太太也挺赞同的，她迈开脚丫，摆出一副在池塘中划水的样子。

小牛哥听了，眼里立即浮现起了《牧场之国》描绘的情景：运河之中，装满奶桶的船只在舒缓平稳地行驶……

公说公有理，婆说婆有理。小牛哥又犹豫起来。

“我看啊，种什么最好不重要，关键还是要看种什么最合适。”想不到熊猫博士也赶来参加大讨论了，还顺手抓起一把土，“这片荒地是沙质土，适合种红薯、土豆、花生，还有仙人掌之类的花卉。”

小牛哥听了，恍然大悟。

藏在课本里的秘密

★牛的胃肠★

牛的胃肠结构有利于食草，牛有四个胃，经过充分的反刍后，再用相当于自身身长20倍的肠子，把营养成分一丝不漏地完全吸收掉，所以牛吃草照样长得膘肥体壮。

★荷兰奶牛★

荷兰的奶牛在世界上很出名，它们体型高大，皮薄、脂肪少，身上长着明显的黑白花纹，产奶量在奶牛中最高。据统计，一头荷兰奶牛平均每年产奶量为4500-6000升。

★运奶★

汽车、火车、轮船、食品专用运输车等都可以运奶。可是，不管是哪一种运输工具，运奶都需要有专门的保温罐子，防止温度过高，牛奶变质。如果是加工好的、需冷藏的奶，就要放入泡沫做的盒子里，用冰块制冷运输，时间和距离都不能太长。

熊猫博士悄悄告诉你

★沙质土有什么特点？★

沙质土是土壤颗粒中含沙子颗粒多的土壤。由于砂粒含量多，砂粒之间的空隙比较大，因此，沙质土具有透气性强、排水性好、蒸发快等特点，但养分含量不是很高，而且土质比较松散。这种土适合种植喜欢沙质土壤和适应能力强的植物，包括石斛兰、文心兰、虎皮兰、金银花、凤梨等植物。

我有“大魔法”

——《草原》

《草原》这篇课文介绍了草原的美景，包括草原的自然风光和人文风情，讴歌了民族团结。当然，“平地是绿的，小丘也是绿的”的草原，也是小动物们的乐园。令人想不到的是，喜欢在草地里活动的蜈蚣，把家门口的那片草地当成了草原，而且到处炫耀自己有“大魔法”……

红山森林里有山有水，有密林，当然也有草地。紧靠琵琶湖边上就是一片开阔的草地，那里也是虫子的天堂，像课文《草原》里描写的那样，到处都是绿色，平地是绿的，小丘也是绿的。唯一不同的是，橡树街小学的兔子奇奇、刺猬球球和公鸡一鸣经常到这儿玩耍，他们还结交了一位新朋友，样子长得像蜈蚣，名字叫马陆，外号被人们称为“千足虫”。

蚂蚁“写”字

兔子奇奇等小伙伴都很喜欢马陆，虽然他的样子有点怪怪的，脚很多，他在草地上一伸一缩地爬行，不紧不慢，哪怕就是天上掉一块大石头来，也不会惊慌，一副气定神闲的样子。

马陆

马陆属于无脊椎动物，脚很多，有的雌虫可以长750只脚，是世界上脚最多的生物。

“活着要有定力。这就是我的气场。”马陆抬着头，自我炫耀起来，“哪会像你奇奇、球球之辈，一点儿动静就吓得拼命逃跑……”

“是啊，是啊。”刺猬球球连声说。

“你们猜猜看，我最骄傲的是什么？”马陆得意地问。

“不知道。”兔子竖起大耳朵认真地说。

马陆告诉他们，自己最拿手的本领是会“魔法”，专“治”蚂蚁，让蚂蚁做什么蚂蚁就做什么。马陆把自己的“魔法”吹得神乎其神。

“真的吗？”公鸡一鸣竖起大尾巴，很不服气地说，“你表演给我们看看，眼见为实嘛。”

马陆满口答应，他说自己能让一群蚂蚁排成队，写出一个大大的“人”。

“怎么可能呢？那也太神了。”兔子奇奇十分怀疑。

马陆听了，并没有急着争论，而是直接走到前面带路。当兔子奇奇、刺猬球球和公鸡一鸣来到了一条草丛中的小路中间的时候，奇迹发生了：

一群小蚂蚁大摇大摆地走到了小路中央，嗅了嗅，果然用褐色的身体在小路地上写出了

一个大大的“人”字。

奇奇、一鸣和球球见了，佩服得五体投地。

其实，他们哪里会想到，马陆使了计谋，利用蚂蚁们爱吃糖的习性，事先用糖水在地上“浇”出了“人”字。蚂蚁们嗅着甜味，当然会爬来爬去，爬出个“人”字来。

遗憾的是，小伙伴们只相信马陆的“魔法”神奇！

蚂蚁迷路

又是一个周末，兔子奇奇、刺猬球球和公鸡一鸣再次来到了大森林里的那片草地，想再次看马陆表演“魔法”。

“好啊。这很简单，我只要对小蚂蚁丁丁略施‘魔法’，他今天晚上就进不了家门。”马陆十分得意地说。

“是吗？丁丁这么听你的话？用的是什么‘魔法’呢？”奇奇十分惊讶。

于是，奇奇、球球和一鸣半信半疑地尾随在丁丁的后面，慢慢地走着。快到丁丁家门前的时候，那株被当成窗帘的小草身上挂满了雨点儿，小丁丁轻轻一碰，哗啦啦地溅满了一身。

“糟糕，哪来这么大的雨？”丁丁小声嘀咕着。

到了门前，负责值班的蚂蚁果然坚决不让这丁丁进门，拼死地把他挡在门外……

顿时，小伙伴们目瞪口呆。

小蚂蚁丁丁也急得六神无主，不知道自己究竟做错了什么，连家门也进不了。

原来，这一次马陆在那株小草上撒了玫瑰香水，把丁丁身上的气味搞乱了。一旦负责守门的蚂蚁嗅出对方气味异常，不是自己熟悉的

“家人”，连大门都不让进。

蚂蚁是通过辨别身上的气味，来互相识别和打招呼的。

“怎么样？明天，你还会看到丁丁被惩罚，在门前拼命地垒土。”马陆再次神秘地向他们炫耀自己的“魔法”。

“哦？”小伙伴们异口同声地惊叫起来，对马陆的“魔法”深信不疑。

蚂蚁被罚

第二天傍晚，马陆带着奇奇和他的小伙伴们来到蚂蚁家的大门前，看到小丁丁和一群小蚂蚁真的在做“苦役”：不停地挖掘着门前的泥土，把这些土垒得好高好高……

“要下雨了，丁丁，别干啦。”一只蜘蛛

挺着大肚子走过来，十分同情地说。

蚂蚁对天气敏感，下雨的前一天，会把巢穴前的土垒得高一点来阻挡雨水，防止雨水流进巢穴里。

“不能停啊，蚁王有命令。”丁丁头也不抬地用力铲。

兔子奇奇、刺猬球球和公鸡一鸣看到了，也听到了，一切是那么真实，与马陆预言的一样：丁丁果然被罚！

从此，橡树街小学的小伙伴们对草地里的马陆会“魔法”深信不疑，而且越传越神奇，个个都认为红山森林草地里的马陆会“魔法”。

其实，兔子奇奇、刺猬球球和公鸡一鸣哪里会想到，丁丁和他的同伴们为了家园的安全，只是做了自己应该做的事情，与“惩罚”一点儿关系都没有呢。

藏在课本里的秘密

★中国画★

中国画也称国画，起源于汉代，主要指的是画在绢、宣纸、帛上并加以装裱的卷轴画。国画是中国的传统绘画形式，是用毛笔蘸水、墨、彩作画于绢或纸上。工具和材料有毛笔、墨、国画颜料、宣纸、绢等，题材可分人物、山水、花鸟等。课文中的中国画指的是中国的山水画。

★民族舞★

民族舞也叫民间舞，泛指产生并流传于民间、受民俗文化制约、即兴表演但风格相对稳定、以自娱为主要功能的舞蹈形式，包括龙灯舞、狮子舞等。课文中的“民族舞”指的是鄂温克族的舞蹈。“鄂温克”的意思是“住在大山林中的人”。

藏在课本里的秘密

★ 蒙古包★

蒙古包是蒙古族牧民居住的一种房子，也称“毡帐”或“毡包”。蒙古包呈圆形尖顶，顶上和四周用一至两层厚毡覆盖。它看起来外形很小，但是包内使用面积比较大，而且包内空气流通，采光条件好，冬暖夏凉，不怕风吹雨打，非常适合经常转移居住地进行放牧的民族居住和使用。

熊猫博士悄悄告诉你

★马陆会假死吗？★

马陆如遇到危险或受到触碰时，会将身体卷曲成圆环形，呈假死状态，间隔一段时间后，复原活动。马陆还能喷出有刺激性气味的液体来吓跑天敌。

一把“神刀”
——《竹节人》

《竹节人》是一篇回忆童年的文章，作者把小时候玩“竹节人”的故事写得绘声绘色。竹节人像一个斗士，“没头没脑地对打着，不知疲倦，也永不会倒下”……可是，熊猫博士的小木偶就大不相同了，竟然有灵性呢！

熊猫博士给学生讲解《竹节人》以后，突发奇想，用刀刻了一个小木偶。他那把刀特别神，雕刻什么像什么，栩栩如生，加上腿就会跑，安上翅膀就会飞。说来奇怪，这个小木偶一经雕成，不仅会跑，还有了灵性，竟学会了熊猫博士脸上的喜怒哀乐……

刻在胸前的“爱”字

有一天，熊猫博士无意间发现，小木偶好像闷闷不乐，顿时心疼起来。

“好啦，到外面走走吧，世界大着呢。”熊猫博士抚摸着小木偶的头，理了理斜挎的红背包。

奇迹在刹那间发生，小木偶竟然点了点头，迈着细长而灵活的双腿，快活地走出了家门。

熊猫博士欣慰地笑了。

在森林里，小木偶发现一只小鸟从巢里掉下来，表情很木然。这时，大象走过来，用长鼻子轻轻一托，把小鸟送回了家。

长鼻子

象鼻全部是由肌肉组成的，鼻孔开口在末端，鼻尖有指状凸起，能捡拾物品，而且灵活自如，不仅可以举起重达几百千克重的物体，还可以捡拾花生那样小的食物。

“你呀你，就是一个小木头。”大象看了看小木偶远去的背影，讷讷地说。

在一条淙淙流淌的山溪边，小木偶看见小兔子躺在地上呜呜地哭。

“小木偶，我上山采蘑菇，一不小心从山崖上摔了下来，你能帮帮我，送我回家吗？”小兔子对小木偶说。

小木偶看了看，却没做什么。这时，那只大象走过来，用鼻子勾起小兔子，放到了宽阔的背上。

“你呀你，真是个木头。”大象看见小木偶一蹦一跳地离开了，十分无奈地说。

不久，小女巫找到了小木偶。

“过去你看见他人遇到困难，往往无动于衷，我不怪你。现在，我给你一样宝贝，一切都会改变。”

说完，小女巫把一个“爱”字送给了小木偶。

回到家，熊猫博士发现了这个“爱”字，也恍然大悟：一个让人喜爱的小木偶，仅仅有痛苦、难过、笑这些表情是远远不够的，还必须有“爱”。于是，熊猫博士拿起雕刻刀，把一个“爱”字刻在了小木偶的胸膛上。

从此，小木偶不仅会走动，还有了一颗“爱心”。

饼干里的“规矩”

熊猫博士疼爱小木偶，就像疼爱兔子奇奇、刺猬球球等班里学生那样，特意为他缝制了一件黄褂子，做了一双小铁鞋。

穿了新衣服、新鞋子的小木偶十分兴奋和自豪，得意地在大街上飞奔起来。

“嘟——嘟——”在一条十字路口，警察

吹起了哨子，“不要闯红灯。”

紧接着，小木偶身后响起了刺耳的刹车声。小木偶吓得撒腿就跑，一溜烟似的离开了喧嚣的城市，奔进了乡村的草地里。

“多好的花呀，铺一张飘香的小床吧。”在草地上，小木偶摘了一朵又一朵花儿，躺在上面休息。

“鲜花是我的粮食呀，不能糟蹋！”一群蜜蜂围着小木偶嗡嗡地叫着，不依不饶地追打着。

鲜花

植物花朵鲜艳的颜色及诱人的香气，都是为了吸引昆虫前来授粉，是为传宗接代。多数草类及树木的花朵颜色暗淡，没有香气，不能吸引昆虫，这种植物一般靠风力完成授粉过程。

小木偶被蜇得狼狈地逃跑。

逃命的途中，小木偶来到一片打谷场。

“烤红薯吃吧。”小木偶还算聪明，弄来了红薯，点起了火苗。

想不到，大风一吹，把火星吹到了草垛上，吓得小木偶惊叫起来。

“千万小心，你是木头做的，能惹火吗？”小女巫来了，耐心地说，“饿了吧，吃块点心。”

说完，小女巫把一块像饼干一样的点心塞进了小木偶的嘴里。

“这是什么呀？”小木偶感到又苦又涩。

小女巫见了，神秘地告诉小木偶，夹心饼干里藏着“规矩”，吃了这块点心就知道“守规矩”啦。

回到家，小木偶把巧遇女巫的故事告诉熊猫博士。这位善良、智慧的老师也满意地笑了：没有规矩，不成方圆嘛！

当然，熊猫博士十分感谢小女巫：小木偶要是不经历那么多磨难，不懂规矩，还能成长吗？那永远是没头没脑的木头人！

后来，仙人掌班的兔子奇奇、刺猬球球、公鸡一鸣和小牛哥，包括兔爸和兔妈知道了小木偶的身世，都感到很神奇，更加佩服熊猫博士那把神刀！

藏在课本里的秘密

★竹节人★

课文里的竹节人，只能靠系在身上的线，在主人的操作下“打斗”，而宋代庆历年间（1041-1048），有一位姓李的木匠制造的木偶“钟馗捉鼠”已经有一定机械性了。这个木偶高约1米，左手拿着香饵，老鼠顺着手来猎取食物，触发机关，木偶的右手就会拿着铁筒把鼠击毙。

★竹节人与木偶★

竹节人是木偶的一种，在《礼记》中，把木偶叫作“俑”，是用来陪葬的。1979年，山东省莱西县院里乡西汉墓出土13件木俑，其中一件木俑全身关节都能够活动，异常精巧。

藏在课本里的秘密

★竹花★

竹子的老家在中国，有着悠久、广泛的栽培历史。竹子这种植物也是开花的，开出的花像稻穗一样，不同种类的竹子的花颜色是不同的，大部分竹花是黄色、绿色、白色，有的配有红色、粉色等。开花后竹子的干和叶都会枯黄。

熊猫博士悄悄告诉你

★外国有没有木偶？★

外国也有木偶。欧洲关于木偶戏的文字记载，可以上溯到公元前 500 年。1981 年，在联邦德国、法国的玩偶展览会上，展出了 3000 年前四肢活动的古埃及木偶。

我从沙里来
——《夏天里的成长》

《夏天里的成长》是一篇非常有趣的科普小品文，告诉小读者，夏天是一个成长的季节，不仅“小猫、小狗、小鸡、小鸭”等动物在成长，植物也在成长，甚至瀑布、铁轨等也在“成长”……其实，夏天还是小海龟诞生的季节呢！

太阳暖暖地照着，在夹杂着咸味的海风中，海水轻一声、重一声地哼唱着，好像在唱一首动听的摇篮曲。

有一天，由兔子奇奇、小牛哥、刺猬球球和公鸡一鸣组成的科考小队一起登上了海岛。

嘿，眼前的风景好迷人：海浪、海鸥、海岛……千里海岸线，一幅山水画！

沙堆里冒出了小海龟

在海岛的沙滩上，一只海龟奋力从蛋壳里探出头来，先是努力伸出前肢、腰身和后腿，最后像脱掉外套一样，扔掉了蛋壳。

沙堆里冒出了一只小海龟。

“嘿，外面的世界好亮啊！是不是这样，小海龟？”小兔奇奇惊喜地问。

“妈妈，我是从哪里来的？”小海龟伸出脖子，转脸问海龟妈妈，却没有搭理奇奇的问话。

难道小海龟不敢和陌生人说话？在小海龟的眼里，奇奇、球球、一鸣、小牛哥，都是一群“陌生人”。

“你是从这温暖的砂粒里来的。”海龟妈妈如释重负地说，“我先把你生下来，然后放在这片砂粒里慢慢孵化。孩子，你的到来，就像课文《夏天里的成长》写的那样呢。”

“妈妈，是不是所有的海龟宝宝都要放在砂粒里孵化？”小海龟抬起头来，意外地发现不远处的大海上，有许多鸟儿在盘旋着，“妈妈，是不是鸟儿都要筑巢来孵化宝宝？”

“海龟妈妈，这个我知道，我来告诉他吧。”公鸡一鸣抢过了话头。

“不是的。杜鹃鸟就不筑巢、不孵化。”兔子奇奇打断了一鸣的话。

杜鹃鸟

有一种大杜鹃鸟，总是把卵产在大苇莺、灰喜鹊等鸟儿的巢中，让这些鸟妈妈替它孵育。

“夏天，卵壳就像一座小房子，我在里面慢慢成长，然后破壳，钻出砂堆，慢慢地爬向大海……”小海龟想了想说。

“是的。”海龟妈妈接着说，“把你放在砂里孵化，恰好利用了夏天的高温，这也是我们老祖宗留下的智慧啊！”

迎着海风，看着大海，小牛哥、球球等小伙伴忽然明白，小海龟也是属于“夏天里的成长”。

海边的“产床”

太阳当空照。阳光倾泻在海面上，海风吹动海浪，好像有无数细碎的金子在跳跃、舞蹈，闪烁着耀眼的光亮。兔子奇奇和他的小伙伴看着点点海鸥，有的逆风起飞，有的贴着海面盘旋，很像一幅风景画。

海鸥

海鸥是一种候鸟，喜欢成对或成小群活动，逆风起飞可以让翅膀产生托举的升力，对鸟儿飞向高空有帮助。

小海龟沿着海滩慢慢爬行，继续与海龟妈妈不紧不慢地聊天。

“夏天万物都在成长。可是，成长的环境不同，经历也不同。比如生活在南极的企鹅爸爸，把卵放在脚上慢慢孵化！南极到处是冰天雪地，不放在脚上，小企鹅是孵不出来的。”海龟妈妈接着说，“南极小企鹅就是在爸爸的脚上成长的。”

“真不容易啊！”

“这可是第一次听说呢。”

“太棒啦，企鹅爸爸脚上也有小企鹅在成长。”

小伙伴们你一言我一语。

“妈妈，你既不会筑巢，也不用孵化，只知道把我埋在砂堆里，这样看来，您是一个笨妈妈吗？”突然，小海龟歪着头，天真地看着妈妈。

奇奇、球球、小牛哥等科考小队成员一听，先是面面相觑，接着把目光齐刷刷地投向了海龟妈妈。

“孩子，你错了，我是一个有智慧的妈妈。”海龟妈妈骄傲地说，“大砂粒就像一张天然的产床，妈妈把卵埋在砂粒里，夏天的阳光一照，温度就慢慢升上来，比妈妈的身体给予的温度还要高，而且埋藏在砂粒里，既能够利用砂粒更多地吸收太阳的热量，还可以保护小生命的安全！”

小海龟听了，幸福地点点头。

科考小队的小伙伴们听了，十分惊讶，想不到样子笨拙的海龟妈妈，竟然在“夏天里的成长”中深藏着惊人的智慧！

藏在课本里的秘密

★水长、瀑布长与河宽★

《夏天里的成长》里有些语句看似深奥难懂，是因为这些语句里隐藏着科学知识，如“水长，瀑布长，河也是一天一天地变宽变深”，这是什么原因呢？原来夏天气温高、雨水丰沛，经常有暴风雨，所以就有“水长”“瀑布长”“河变宽变深”这种看似奇怪的现象。相反，到了秋天，特别是冬天，就有水变瘦、瀑布变短、河变窄的自然现象。

★沥青路面变软★

沥青路面（课文中的柏油路）的施工方法不同，沥青混凝土的配合比就会不一样，用的沥青越多，路面就越软，夏天就会出现走柏油路时沾脚的情况。早期铺沥青路，使用的沥青软化点较低，所以容易在大热天熔化；现在道路用沥青软化点都在80摄氏度左右，而且经过重型机械压实，就不容易被晒化变软。

藏在课本里的秘密

★石头上长青苔★

课文里写光滑的石头上几天就长出青苔，这是因为青苔主要生长在缺少阳光且潮湿的环境中，如果石头在阴暗潮湿的环境中，它的表面一定会长青苔，而青苔的根是假根，并不深入石头内，也不吸收养分，只是贴在石头表面起到固定的作用。

熊猫博士悄悄告诉你

★雄企鹅会孵蛋吗？★

企鹅家族中的帝企鹅就是依靠爸爸来孵化的。原来，雌企鹅在产卵后，就会离群到海洋觅食，要很久才能返回。此时南极正是严冬，雄帝企鹅互相依靠在一起，每个雄帝企鹅都会将卵放置在足上孵化，并靠体内储存的脂肪生活；直到严冬过去，雌帝企鹅回来后，雄企鹅才把幼雏移交给雌帝企鹅。

大海里的歌唱家
——《鲁滨逊漂流记》

《鲁滨逊漂流记》这篇课文讲述了鲁滨逊在大海上漂泊、在孤岛上生活的奇特经历。大海无边无际，海底世界神秘莫测，有一天，鲸、蟾鱼等“歌唱家”，举办了一场别开生面的演唱会呢……

夜幕下的大海，浪花拍打着堤岸，发出阵阵呓语般的声响。漆黑如墨的大海深处，有一座巨大的海底宫殿，里面灯火通明，一年一度的海洋艺术节即将拉开帷幕。

鲸的独唱

鲨鱼丽塔带路，特邀橡树街小学的科考队来到了坐落在海底的艺术大厦。熊猫博士、小兔奇奇、刺猬球球和公鸡一鸣穿着潜水服，兴

高采烈地来到了海螺演播大厅，他们个个都戴着潜水镜，模样儿好酷！

瞧，奇特的四眼鱼打着灯笼来了，小黄鱼唱着欢歌来了，乌贼为了表演魔术，怀里揣着一大包墨汁，也急急忙忙地赶来了，想要表演剑术的剑鱼先生，竟然是横冲直撞，击水而来……

剑鱼

剑鱼又称“箭鱼”，身体很长，呈亚圆柱形，成年后的剑鱼会失去所有的牙齿和鳞片。长而尖呈剑状的吻部，占身体总长的三分之一，且吻部向前延长呈扁而尖锐的剑状突出，这也是它名字的由来。

“各位，晚上好，感谢大家从四面八方来参加海洋鱼类艺术节，这是我们海洋鱼类一年才举办一次的盛会。我们很荣幸地邀请熊猫博士和他的科考队一起来观看演出。”在开幕式上，主持节目的海豚先生刚讲几句，就被台下叽叽喳喳的议论声打断。

“人类随意向大海里扔塑料袋，许多鱼类误认为是可口的美食，吞进肚子里，消化不了，胀得难受，直到病死……”海龟声泪俱下地说，“我们哪有心思看演出啊！”

“嗯，我也知道，海洋已经不像过去那么美好了。”海豚先生停了停说，“可是，生活总要继续的。我们今天的艺术节不还是如期举行了吗？下面请欣赏海洋男高音歌唱家鲸先生的独唱《鲸落之歌》。”

观众们的情绪终于调整过来。台下立即爆发出热烈的掌声。

鲸先生手持话筒，《鲸落之歌》演唱得如泣如诉，声音时而高，如瀑布从天而降；时而低，如潭水悠悠……歌曲表达的核心内容，是一条体形巨大的鲸即将沉落海底，向伙伴们做出道别的绝唱！

熊猫博士立即拿出录音机，录下了鲸先生的歌声：这可是研究海洋生态的珍贵资料啊！

科考队员们个个听得入迷了，谁也想不到，鲸先生是大海里的歌唱家！

蟾鱼的大合唱

“海豚先生，你知道鲸先生为什么能把这首《鲸落之歌》唱得那么感人肺腑吗？”鲨鱼丽塔站起来，接过鲸先生的话筒问。

演出大厅静得出奇。海水好像凝固了。

“鲸落就是一支悲歌。”丽塔难过地说，“一鲸落，万物生。可是现在人类的追杀，让鲸自生自落的现象被打乱，海底的生态环境也遭受到前所未有的破坏。”

“为了用海水冷却，人类把许多核电站建在海边，导致海里的水温上升，而虾类对温度特别敏感，不得不离乡背井……”丽塔话音刚落，海虾们围成一团，在台下边说，边呼噜噜地嚷起来。

“大海好像永无宁日，什么军事演习，什么远洋勘察，闹腾得我找不到回家的路。”大马哈鱼不满地说。

“安静，安静。我们这是海洋鱼类演唱会，不是对人类的控诉会。”海豚先生终于把场面控制下来，大声宣布，“我相信，生活总会好起来。下面请蟾鱼合唱团，给我们表演大合唱《蟾鱼之恋》。”

蟾鱼

19世纪以来，科学家们研究蟾鱼，发现它的发声器官在身体更深处，由鱼鳔及其周围的发音肌发出不同的声音。

现场安静下来。

四眼鱼打亮灯光，蟾鱼合唱团站成两排，时而发出一声声咕噜，时而发出连连的嗡嗡声，时而是咕噜声与嗡嗡声叠加一起，雄浑有力……

演出推向了高潮：鲸和蟾鱼作为新生代歌唱家，当之无愧！

“下面，我们请特邀嘉宾熊猫先生讲话。”海豚先生把话筒递给了熊猫博士。

“海洋是我们的母亲，生物有 20 多万种，鱼类有 2 万多种，许多鱼类天生就是艺术家，有的会跳舞，有的会唱歌。虽然我们听到了来自大海里的不同声音，比如海洋污染就是大海交响曲的杂音，好在人类已经开始整治环境、保护海洋，相信鲸的独唱、蟾鱼的合唱，一定会越唱越响！”

噼噼啪啪，掌声如雷，宛如海涛阵阵。

藏在课本里的秘密

★惊人的海浪★

据专家研究，海浪的冲击力一般能达到每平方米20-30吨，最大可达到60吨。当海洋上一股巨大的海浪向堤岸冲击而来时，能够轻而易举地把一块重13吨的岩石抛到20米高的地方。它能使1700吨重的岩石翻转过来，甚至能把一艘17000吨的海轮抛上岸……

★无风三尺浪★

虽然没有风，海面上总是有大的浪涛。原来，风在运动的时候，把能量传给海面，海面得到能量以后，就产生了波浪；风越大，海面获得的能量越大，浪也越大。而当风停了的时候，也就是海面上无风时，海面在原先刮风时获得的能量并没有用完，还在继续起作用，仍然会一波千里，后浪推前浪不停运动着。

藏在课本里的秘密

★海洋永不干涸★

一望无际的大海，辽阔广大，汹涌澎湃的海水，滔滔不绝，永远不会干涸。这是为什么？每年从海洋上蒸发到空中的水量，有一小部分是降临到陆地上的，而后，又从地面或经过地下流回海洋。另外很大一部分，是在海洋的上空凝结成雨，然后又重新落回到大海里。这样，不停地循环往复，所以，海里的水是不会干涸的。

熊猫博士悄悄告诉你

★什么是鲸落？★

鲸在海洋中衰老或生病，无力浮出水面吸氧时，就会慢慢死去，它的尸体最终沉入海底，这个过程被生物学家叫作“鲸落”，属于一种自然现象。一头鲸的尸体可以供养一套以分解者为主的循环系统长达百年，为许多海底栖息的生物提供了“餐补”营养。

空中开花的“树”
——《北京的春节》

学习《北京的春节》这篇课文以后，我们知道了北京人过春节“鞭炮声日夜不绝”“铺户都上着板子，门前堆着昨夜燃放的爆竹纸皮”，很热闹。在神奇的动物世界，猴王曾经也要过年……

北风吹，雪花飘。整座山笼罩在一片银色的世界里。可是，山脚下不时传来噼啪噼啪的声响，这让山上的猴王很不安宁。

小小侦察员

“小眼熊呀，当一回侦察员，到山下看看，村子里到底发生了什么事，这么闹腾。”猴王不悦地说。

“我……还没睡够呢。”小眼熊伸了伸懒腰，打着瞌睡说。

“嗯，那让大灰狼当侦察员应该没问题吧。”

“猴王啊，我最怕火光的，还有那响声，也够我烦的。能不能换别人去？”猴大王的话音刚落，大灰狼就紧张起来。

“猴王，我毛遂自荐，这个侦察员就由我来担任吧。”说话的是一只小松鼠。

“你？聪明倒是聪明，可是，从山上跑到山下，时间太长，太费力气。”猴王对小松鼠有点不放心。

“不怕，我自有妙招。”说完，小松鼠一

溜烟似的跑了。

一会儿，小松鼠又跑回来，如实告诉猴王：山下村子里在放鞭炮，一串串的，像挂在墙上的辣椒干那样。

鞭炮

人类用纸筒和麻茎裹火药，编成串就做成了“编炮”，这正是“鞭炮”的来历。

小松鼠说得没错。

“你怎么知道的？这么快就跑到了山下？”猴王十分不解。

“我爬到树上，朝山下一望，嘿，一清二楚。”小松鼠眨着明亮的小眼睛说。

猴王点了点头，心想：这个小小侦察员，挺棒的。

“那里面究竟装的是什么？响得这么厉

害？”猴王烦恼不安地问。

又过了一会儿，半空中突然划出一道道光亮，有的像满树梨花在绽放，有的像一簇簇金丝菊……

“天啦，这又是什么？怎么会在空中开花？”猴王惊骇起来，连忙把小松鼠、大灰狼、独眼狐和小眼熊都召来。

这群住在山上的动物，看到空中一朵朵会开花的树，个个都傻了眼，说不出话来……他们做梦也不会知道，那是庆祝新年的烟花啊！

这情景，猴王哪里见过！

“谁最勇敢、忠诚，到山村里看个究竟？”猴王想了想说。

鸦雀无声。

“你看，那是什么？他们是从山脚下跑来的，一定知道内情。”小松鼠这个侦察兵又一次爬上了树梢。

居住在山脚下大森林里的老牛伯伯、小牛哥、山羊灵灵和小兔奇奇都冒着风雪赶来了。

“你们这是干什么？要集体搬家？是不是山下的空气太脏，噪音大、火药味浓，还有声、光、电，让你们的眼睛和耳朵都受不了啦？”精明的猴王一语道破天机。

“公鸡一鸣怎么也来啦？你不是说你有夜盲症，晚上行动不便吗？”猴王连忙问。

“噢，那些烟火照得像白昼一样，我也失眠了，就深一脚，浅一脚地追上了队伍。”公鸡一鸣十分为难地说。

天亮了，烟花、鞭炮声渐渐稀疏，始终沉默不语的猴王却突发奇想，也要过一次新年。

大灰狼被赶下山

“怎样过年呢？”独眼狐脑筋灵活，连忙问猴王，“放鞭炮吗？”

“不！放那个在空中开花的东西。”猴王对烟花感兴趣，可是叫不出名字来。

猴王请大灰狼下山去弄烟花。

大灰狼硬着头皮潜到山脚下的小村里。他东瞅瞅，西找找，到处都是鞭炮燃放的纸屑。

最后，他来到古城门下，找到了许多又粗又长的烟花筒。

“猴王，你看，我弄来了，咱也让这些东西在天空开花。”大灰狼抱来了一大串烟花筒。

遗憾的是，不论怎么弄，那些东西都飞不起来，更开不了花。

原来，那是点燃过的烟花。

猴王见了，一气之下，把大灰狼撵出了山。从此，大灰狼只得在土丘荒岭里到处游荡……

藏在课本里的秘密

★烟花★

烟花和爆竹的结构都包含黑火药和药引。制作烟花的过程中加入了一些发光剂和发色剂，使烟花燃放时放出五彩缤纷的颜色，产生了光、色、音响、气动、发烟等效应，使烟花成为一种节日活动的观赏品。

★过“年”★

古代过“年”不是在农历腊月二十九日或三十日，而是在蜡日，即后来的腊八。南北朝以后，把蜡祭移至岁末。到了中华民国时，改用阳历，才把阴历年叫“春节”，因为春节一般都在立春前后。

★春节★

春节是我国最盛大、最热闹的一个传统节日，按照我国农历，正月初一是春节，俗称大年初一。春节又叫“过年”。“年”是一种为人类想象出来的会带来坏运气的怪兽。“年”一来，树木凋蔽；“年”一过，万物复生。因此，春节也是我们迎接春天的节日。

熊猫博士悄悄告诉你

★为什么禁止燃放烟花爆竹？★

首先，燃放烟花爆竹，容易引起火灾、导致人员受伤和财产损失。特别是城区，到处是高楼大厦，人口相对密集，高空烟花爆竹的燃放极易引发火灾，直接危害居民的生命财产安全。

其次，燃放烟花爆竹会产生大量的二氧化硫、二氧化氮、二氧化碳、一氧化碳等有害气体和各种金属氧化物的粉尘。其中，二氧化硫、二氧化氮是刺激性和腐蚀性极强的酸性氧化物，大量燃放时，如果遇上无风或低气压的天气，有害气体一时无法飘散，就会强烈地刺激人的呼吸道，使人咳嗽，引起气管炎等呼吸系统疾病。

所以在1993年，北京市人民政府颁布了禁放烟花爆竹的规定。

岩石背上来了“小骑士”——《真理诞生于一百个问号之后》

《真理诞生于一百个问号之后》这篇课文介绍英国著名化学家波义耳从石蕊地衣中提取一种物质，发明了实验中常用的酸碱试纸——石蕊试纸。那么，石耳和石蕊，究竟是什么样的物质呢？

植物世界千差万别，有的高达数米，像杉树、银杏等，有的矮小得只能紧贴着地皮生活，肉眼难以看见他们的“真面目”。地衣的“孩子”就是这样。

地衣

地衣是真菌和绿藻（或蓝细菌）的共生体，呈灰白、暗绿、淡黄、鲜红等多种颜色，生长在干燥的岩石或树皮上。

我的名字叫“石耳”

在红山大森林的东北角，有一座小山头，模样像一只巨型蜘蛛卧倒在那里，人们叫它“蜘蛛山”。

有一天，一枚很小的叶片，形状像只耳朵，突然随着一阵风飘来，正好落在蜘蛛山的一块巨大的岩石背上。

“喂，小树叶，你能长成一棵大树吗？”

“喂，小树叶，你能长成一棵花树吗？”

小蚂蚁丁丁和小甲虫木木好奇地围上来，希望这片树叶长成一棵大树，能为他们遮风挡雨；长成一棵花树，能让他们在夏日看花，赏月，还能在这棵大树下乘凉呢……

“不，我不叫树叶，我叫石耳，是地衣妈妈的孩子。”

石耳

石耳的外形很像一只耳朵，呈不规则圆形，体扁平，上面褐色，生长在悬崖峭壁阴湿的石缝中，这也是它名字的来历。

地衣是谁？长什么模样？丁丁和木木很好奇。其实，地衣是一个特殊的低等植物群，没有花草树木那么高的知名度，几乎不为人所知。

“石耳，我们问你能不能长成大树，或者长成一棵开花的树呢？”丁丁有些不耐烦了，头上的那对触角剧烈地摇动起来。

小蚂蚁丁丁总是喜欢用这种方式来表达自己的感情。

遗憾的是，石耳连连摇头。

“既然你不能长成一棵树，那就赶快走吧，岩石的背是光光溜溜的，风来了会把你刮跑，雨来了会把你淋倒，甚至冲到山涧里，还有中午毒辣的太阳会把你晒死的。”木木板着脸严肃地说。

当然，木木说这番话，是希望把这位不速之客吓跑。

“我不怕，地衣妈妈的孩子不怕冷也不怕热，气温6℃－36℃之间我都可以生长，我还是天然的骑士，风再大雨再猛，仍然能牢牢地骑在岩石的背上。”

骑士？丁丁和木木听了不由得哄笑一声，各自回家了。

后来，丁丁还把石耳这些大话告诉了许多小伙伴。小兔子奇奇和山羊灵灵又特地跑来看看，想知道这究竟是一种什么“树叶”，最后还是连名字都叫不出来，只得扫兴而归。

兔爸兔妈知道岩石背上来了“小骑士”，虽然惊讶，但是也不以为然，总觉得石耳还不如一棵普通的小草，饿了可以当饭吃呢！

我的名字叫“石蕊”

又过了几天，一根很小的“树枝”，突然飞到了这块岩石上，同样惊动了丁丁和木木。

“你能长成一棵有伞的树吗？”

“你能长成一棵开花的树吗？”

小树枝摇了摇头，说他叫石蕊，是石耳的弟弟，都是地衣家族的成员。前几天，他住的那个山岗突遭二氧化硫的污染，同族的石家兄弟死的死，伤的伤——他们对这种毒气最敏感……现在，许多专家还喜欢用他们来监测环境污染问题呢。

石蕊

石蕊也属于地衣的一种，呈枝状，可以大片地丛生在高山荒漠、苔原及极地的岩石表面或冰雪中，具有很强的耐干旱和抗寒冷能力。

石耳兄弟俩的眼里噙满了泪。

丁丁和木木非常同情他们。

“但他们是骄傲的小骑士，”一直沉默的岩石终于发话了，“我的背上有了这些小骑手，就能形成一层薄薄的外套，就能让风送来的花草树木的种子在这里安家。到时候，我的背就是他们的摇篮啦！”

从此，地衣的孩子石耳、石蕊成了蚂蚁丁丁和甲虫木木的好朋友，他们有事无事，经常来这里溜达。如果说，石耳和石蕊是岩石背上的骑士，那丁丁和木木就是石耳、石蕊背上的骑士呢。

现在，橡树街小学的熊猫博士、小兔奇奇、公鸡一鸣和小牛哥也都知道在植物世界有两个姓“石”的小家伙，但他们不是石头，是“有血有肉”的植物，这成了他们整个小学时代看到的最古老、最奇特的植物，也是光秃秃的石头上最难忘、最美丽的风景……

藏在课本里的秘密

★谢皮罗现象★

课文中的“谢皮罗现象”还适用于飓风、龙卷风等。研究发现，飓风、龙卷风在北半球是逆时针旋转，而在南半球是顺时针旋转。同理，北半球由南向北流的河，总是东岸被水侵蚀得比较厉害。

★酸碱指示剂★

酸碱指示剂是检验溶液酸碱性的常用化学试剂，能以本身颜色的变化来显示某种化合物的存在或溶液某些性质（酸性、碱性）的改变，如石蕊、酚酞等。把石蕊试液经过滤纸浸透、晾干、切成条状，就制成了石蕊试纸。只要用石蕊试纸往溶液里一蘸，就能立即检验出这种溶液是酸性还是碱性的了，使用起来非常方便。

藏在课本里的秘密

★大陆漂移说★

1912 年，德国地球物理学家魏格纳完成了科学巨著——《海陆的起源》，并在法兰克福城的地质协会上正式提出了“大陆漂移假说”。在这本书里，他指出，2 亿 5 千万年前，目前分成各个洲的古代大陆是连在一起的，并且是唯一的大陆，称为泛大陆，那时还没有大洋。以后，完整的泛大陆开始四分五裂，分裂的大陆之间出现了海洋，逐渐形成了现在的七大洲四大洋。

熊猫博士悄悄告诉你

★地衣植物有哪些特点？★

地衣植物，是真菌和藻类共生的一类特殊植物，没有根、茎、叶的分化，能生活在各种环境中，被称为“植物界的拓荒先锋”。地衣可以在严峻的环境条件下生长，耐寒性很强，在高山地区，冻土带，南、北极地区，都能够生长繁殖，成为高山、极地动物的主要食物，如北极的驯鹿就把地衣植物作为主要食物。